AF556301

बाइबिल की कहानियाँ

जॉन विल्सन

विद्या विहार, नई दिल्ली

प्रकाशक : **विद्या विहार**
19, संत विहार (पहली मंजिल) गली नं. 2, अंसारी रोड, नई दिल्ली–110002
 / संस्करण : 2026 / मूल्य : चार सौ रुपए
मुद्रक : नरुला प्रिंटर्स, दिल्ली ISBN 978-93-80186-42-9

BIBLE KI KAHANIYAN

by John Wilson ₹ 400.00

Published by **VIDYA VIHAR**
19, Sant Vihar (First Floor), Street No.2, Ansari Road, New Delhi-2

अपनी बात

बाइबिल की कहानियाँ मुख्यत: ईसाई समुदाय से जुड़ी हैं। इस धर्म के अनुयायी पूरे विश्व में अरबों की संख्या में हैं। बाइबिल इनका पवित्र धार्मिक ग्रंथ माना जाता है। इस ग्रंथ में परमेश्वर द्वारा पृथ्वी की संरचना से लेकर मानव सहित सभी प्राणियों के निर्माण तथा परमेश्वर द्वारा उनको दी गई हिदायतों का वर्णन किया गया है। बाइबिल ग्रंथ को दो भागों में समझा जा सकता है। पहले भाग में ईसामसीह के जन्म से पूर्व की कथाएँ समाहित हैं तथा दूसरे भाग में ईसामसीह के जन्म के पश्चात् की कथाओं का वर्णन किया गया है। दोनों भागों की सभी कथाएँ उस समय के महापुरुषों से संबंधित तथा मानवता, भाईचारे और ईश्वर की भक्ति से ओतप्रोत हैं।

प्रस्तुत पुस्तक में ईसामसीह के जन्म तथा उनसे संबंधित कथाएँ संकलित हैं। कथाओं को सरल भाषा तथा चित्रों के माध्यम से प्रस्तुत करने का प्रयास किया गया है, ताकि पाठकों को कथाएँ सरल एवं रोचक लगें।

–संपादक

कहाँ क्या है?

ईसामसीह की जन्म-कथा

बाइबिल के आधार पर हजारों वर्ष पहले की बात है। उस समय एशिया के अधिकांश भाग पर रोमन सम्राट् अगस्तस सीजर राज्य करते थे। एशिया के मध्य भाग में ही कस्बे में एक कुंवारी कन्या रहती थी। इस कस्बे का नाम नाजेरथ था।

उस कुँवारी कन्या का नाम 'मैरी' था। मैरी हमेशा ईश्वर की प्रार्थना में लीन रहती थी। प्रभु की भक्ति में वह कभी-कभी इतनी लीन हो जाती थी कि उसे समय का ध्यान भी नहीं रहता था।

एक दिन देवलोक से एक देवदूत आकर बोला, "मैं परमेश्वर द्वारा भेजा गया दूत 'गैब्रियल' हूँ तथा तुम्हें एक शुभ समाचार सुनाने आया हूँ।"

ईश्वर के दूत को अपने समक्ष पाकर मैरी चकित रह गई। उसने दूत से पूछा, "कैसा समाचार?"

"हे कन्या! शीघ्र ही तुम्हारी कोख से एक ऐसा बालक जन्म लेने वाला है, जो बड़ा होकर संपूर्ण विश्व को एक नई राह दिखाएगा, दुःखी लोगों के कष्ट दूर करेगा, भटके हुए लोगों को राह दिखाएगा और जिसकी अलौकिक शक्ति एवं ज्ञान के प्रकाश से संपूर्ण विश्व जगमगा जाएगा।"

"हे देवदूत! तुम यह क्या कह रहे हो? मेरा तो अभी विवाह भी नहीं हुआ, यदि मैं इस अवस्था में माँ बनी तो सारा समाज मुझ पर अंगुली उठाएगा, मुझे कलंकित करेगा। भला मुझ कुँवारी कन्या की कोख से बालक कैसे उत्पन्न हो सकता है?" मैरी चकित होकर बोली।

दूत ने उसे समझाते हुए कहा, "तुम्हें चिंता करने की कोई आवश्यकता नहीं है। तुम्हें कोई कलंकित नहीं करेगा। तुम्हारा नाम संपूर्ण विश्व में आदर तथा सम्मान के साथ लिया जाएगा, क्योंकि प्रभु की यही इच्छा है।" कहकर देवदूत वहाँ से चला गया।

प्रभु की इच्छा समझकर मैरी ने सबकुछ समय पर छोड़ दिया।

अभी मैरी प्रभु के ध्यान में ही थी कि अचानक एक अद्‌भुत व अदृश्य शक्ति ने उसके शरीर में प्रवेश किया। एक पल के लिए तो मैरी को झटका सा लगा, किंतु कुछ समय बाद ही वह सामान्य होती चली गई। उसने प्रभु की इच्छा पर ही सबकुछ छोड़ दिया था।

जोजेफ नाम का एक बढ़ई भी उसी कस्बे में रहता था। अभी कुछ समय पहले ही उसकी मैरी के साथ मँगनी हुई थी, लेकिन कुँवारी मैरी के गर्भवती होने की खबर सुनकर उसने मैरी से मंगनी तोड़ने का मन बना लिया था।

ठीक आधी रात के समय जब जोजेफ गहरी नींद में सोया हुआ था, तभी देवदूत ने उसके सपने में आकर कहा, "तुम धन्य हो जोजेफ, जो तुम्हें मैरी जैसी जीवन-संगिनी मिल रही है।"

"लेकिन?" जोजेफ ने कुछ कहना चाहा।

इससे पहले कि जोजेफ अपना वाक्य पूरा कर पाता, देवदूत पुनः बोल पड़ा, "मैं तुम्हारी चिंता समझता हूँ, परंतु तुम बिलकुल चिंता मत करो। यह सबकुछ प्रभु की लीला है और भविष्य में तुम भी इस बालक के यश के भागीदार बनोगे। तुम अपनी सारी चिंताएँ ईश्वर पर छोड़ दो।" इतना कहकर देवदूत गायब हो गया।

जोजेफ अब निश्िंचत हो चुका था। मैरी की ओर से उसके मन में तनिक भी ग्लानि नहीं बची थी।

कुछ समय पश्चात् ही उन दोनों का विवाह संपन्न हो गया। धीरे-धीरे समय व्यतीत होने लगा। प्रभु की इच्छा जानकर मैरी और जोजेफ दोनों ही खुशी से रहने लगे। तभी रोम सम्राट् के आदेशानुसार सभी कस्बे वालों को अपने निकटतम शहर बैथेलहम जाकर अपना नाम दर्ज करवाना था। अतः नाम दर्ज कराने के लिए जोजेफ अपनी गर्भवती पत्नी मैरी को लेकर बैथेलहम शहर की ओर चल पड़ा।

शहर आने पर ज्ञात हुआ कि वहाँ ठहरने के लिए कोई स्थान खाली नहीं है। सभी सराय यात्रियों से भरी पड़ी थी।

शाम का समय हो चला था। दिन लगभग ढल ही चुका था, लेकिन अभी तक जोजेफ को ठहरने का स्थान नहीं मिला था। अब उसकी चिंता बढ़ती ही जा रही थी।

अभी वह कुछ सोच पाता कि अचानक मैरी को प्रसव-पीड़ा शुरू

हो गई। इससे जोजेफ के हाथ-पैर फूल गए, किंतु मैरी के समझाने पर वह पुनः किसी ऐसे स्थान की तलाश में निकल पड़ा, जहाँ वे ठहर सकें और बालक का जन्म भी हो सके।

बड़ी मशक्कत के पश्चात् किसी सराय के मालिक ने उन पर दया दिखाई और सराय के बाहर अस्तबल में ठहरने की इजाजत दे दी।

अस्तबल में चारों ओर गंदगी, घास-फूस के ढेर लगे हुए थे। दुर्गंध इतनी कि कलेजा मुँह को आने के लिए बेताब था, लेकिन मजबूरी भी इनसान को बहुत कुछ करा देती है। अतः दोनों ने परिस्थितियों से समझौता किया और अस्तबल में ही एक ओर ठहरने की व्यवस्था कर ली।

मैरी की प्रसव-पीड़ा अब बढ़ती ही जा रही थी। धीरे-धीरे उसकी सहनशक्ति जवाब देने लगी थी। तभी एक देवदूत ने वहाँ प्रकट होकर कहा, "मैरी! बस कुछ देर की पीड़ा और सहन कर लो। कुछ देर बाद तुम्हारी कोख से एक ऐसी महान् आत्मा का जन्म होगा, जो संपूर्ण विश्व के साथ-साथ तुम्हारे जीवन के सभी कष्ट हर लेगा और तुम्हारा नाम सारे विश्व में रोशन करेगा।" कहकर देवदूत वहाँ से अदृश्य हो गया।

कुछ देर बाद ही जाड़े की उस ठिठुरती अँधेरी रात में मैरी ने एक सुंदर व स्वस्थ बालक को जन्म दिया। बालक के जन्म लेते ही चारों ओर प्रकाश फैल गया। मैरी की पीड़ा तुरंत गायब हो गई।

मैरी ने उस बालक को एक पुराने कंबल में लपेटकर नाँद में लिटा दिया।

प्रभु की लीला भी अजब है, कल जिस बालक को विश्व का मार्गदर्शक बनना है, संसार को एक नई राह दिखानी है, जो राजाओं का राजा और देवताओं का देवता होगा, वही बालक आज एक नाँद में लेटा हुआ था, क्योंकि इस संसार में उसके लिए अस्तबल की उस गंदी नाँद के अतिरिक्त और कोई जगह नहीं थी।

जिस समय उस महान् बालक ने जन्म लिया, ठीक उसी समय आकाश पर सितारों का एक पुंज प्रकट हुआ, जो नीचे आकर उसी अस्तबल के ऊपर स्थिर हो गया।

मैरी बालक को जन्म देते ही अपनी सारी पीड़ा भूल चुकी थी। जोजेफ भी बहुत खुश था। तभी वहाँ एक देवदूत प्रकट हुआ और बोला, "मैरी! तुमने ईश्वर के पुत्र को जन्म दिया है। मैं तुम्हें आशीर्वाद देने के लिए आया हूँ। तुम इस बालक का नाम ईसामसीह रखना, जिसका अर्थ होता है 'ईश्वर का दूत' अर्थात् 'मुक्तिदाता'। बड़ा होकर यही बालक एक दिन यहूदियों का राजा बनेगा।" आशीर्वाद देकर देवदूत अदृश्य हो गया।

उधर आकाशमार्ग से आते हुए सितारों के पुंज को देखकर विद्वानों और ज्योतिषियों में हलचल मच गई। अपनी भविष्यवाणी को सच होता देख पूरब के तीन विद्वान् बैथेलहम पहुँचे। उस समय बैथेलहम का राज्यपाल हैरोद था। तीनों विद्वानों ने राज्यपाल के दरबार में जाकर अपना परिचय दिया और बोले, "हम पूरब दिशा के रहने वाले ज्योतिषी हैं। हमें

ज्ञात हुआ है कि कुछ समय पहले बैथेलहम में यहूदियों के नए राजा का जन्म हुआ है। हम उसके दर्शन करना चाहते हैं।"

ज्योतिषियों की बातें सुनकर हैरोद दंग रह गया। वह सोचने लगा कि कहीं ये ज्योतिषी सच तो नहीं बोल रहे। यदि ऐसा हुआ तो वह बालक इजराइल पर राज करेगा, और यदि वह राजा बना तो मेरा नगर मुझसे छिन जाएगा। इसलिए मुझे पता लगाकर उस बालक को मरवाना ही होगा।

अपने इन नापाक इरादों को मन में दबाकर वह बोला, "हे विद्वान्ो! शायद तुम ठीक कह रहे हो, लेकिन इस बात से अभी तक मैं भी अनभिज्ञ हूँ। यदि तुम्हें उस बालक का पता चले तो मुझे अवश्य बताना। मैं भी उस महान् आत्मा के दर्शन करना चाहूँगा।"

राजा की आज्ञा लेकर तीनों विद्वान् वहाँ से चले गए। उनके जाते ही राजा ने अपने कुशल गुप्तचर उनके पीछे लगा दिए।

तीनों विद्वान्ों को किसी प्रकार भनक लग गई कि हैरोद के गुप्तचर उनका पीछा कर रहे हैं। उन्होंने तुरंत गुप्तचरों को चकमा दिया और दूसरे रास्ते पर निकल पड़े।

कुछ समय पश्चात् तीनों विद्वानों ने बालक का पता लगा लिया। उन्होंने सबसे पहले बालक को प्रणाम किया। उसके पश्चात् अनेक स्वर्ण आभूषण, हीरे-जवाहरात, वस्त्र आदि भेंट किए।

बालक ईसा के दर्शन करने के पश्चात् तीनों विद्वान् वहाँ से अचानक गायब हो गए। उनके गायब होते ही वहाँ एक देवदूत प्रकट

हुआ और बोला, "जोजेफ! हैरोद के गुप्तचर इस बालक को चारों ओर तलाश कर रहे हैं। वे इसका वध करना चाहते हैं। अतः तुम इस बालक को लेकर मिस्त्र चले जाओ।"

देवदूत का आदेश मानकर जोजेफ और मैरी बालक को लेकर मिस्त्र की ओर चल दिए।

उधर जब हैरोद के गुप्तचर निराश होकर वापस आए तो हैरोद गुस्से से लाल हो गया और उसने नगर के हाल ही में हुए सभी नवजात शिशुओं का वध करने का आदेश दे दिया।

राज्यपाल का आदेश होते ही शहर में चारों ओर कत्लेआम मच गया। माँ-बाप अपने नवजात शिशुओं को बचाने का हर प्रयत्न करने लगे। लेकिन क्रूर हैरोद को तभी शांति मिली, जब सारे नवजात शिशुओं की हत्या करवा दी।

हैरोद यही सोचकर शांत बैठ गया था कि उसकी गद्दी छीनने वाला अब इस दुनिया में नहीं रहा, लेकिन कुदरत को कुछ और ही मंजूर था। बालक ईसा अपनी माँ मैरी की गोद में बैठकर सुरक्षित मिस्त्र पहुँच गया था।

कुछ वर्षों के बाद हैरोद की मृत्यु हो गई और जूडिया को इज़राइल का राज्यपाल नियुक्त कर दिया गया।

ईसामसीह की बाल्यावस्था

समय का पहिया धीरे-धीरे आगे बढ़ने लगा। बालक ईसामसीह की आयु अब बारह वर्ष की हो चुकी थी। अपने साथियों में वह बुद्धिमान बालक के रूप में जाना जाने लगा था।

एक बार उसका परिवार यहूदियों के साथ यरूशलम शहर गया, जहाँ उनके पूर्वज राजा सोलोमन का बनवाया विशाल मंदिर था। उस मंदिर में प्रतिवर्ष एक उत्सव भी मनाया जाता था, जिसे 'लांघन पर्व' कहा जाता था। ईसामसीह को इस पर्व की बहुत प्रतीक्षा थी।

काफी लंबी यात्रा करने के पश्चात् वे लोग यरूशलम पहुँच गए। सभी यात्रियों ने डूमास्कस के द्वार से यरूशलम में प्रवेश किया और फिर अपने लिए ठहरने का स्थान खोजने चल दिए।

'लांघन पर्व' का उत्सव एक सप्ताह तक चला। सभी ने उत्सव का खूब आनंद लिया। ईसामसीह को भी उत्सव में बहुत आनंद आया।

उत्सव के पश्चात् सभी यात्रियों के लौटने की बारी थी। अतः सभी यात्रियों ने अपना-अपना सामान बाँधकर गधों और खच्चरों पर लाद लिया। अपनी-अपनी टोलियों के साथ यात्रियों ने वहाँ से कूच करना शुरू कर दिया।

सभी यात्री अपनी-अपनी टोलियों में यात्रा कर रहे थे। जोजेफ और

मैरी भी एक टोली में थे, किंतु बालक ईसामसीह उनके साथ नहीं था। शायद वह भी किसी अन्य टोली के साथ हो, यही सोचकर जोजेफ और मैरी निश्चिंत होकर काफी आगे निकल आए थे।

लेकिन शाम को जब सभी यात्री आराम करने के लिए एक स्थान पर ठहरे तो ईसामसीह की तलाश शुरू की।

काफी तलाशने पर भी ईसामसीह का कोई पता नहीं चला। जोजेफ और मैरी को बहुत बेचैनी होने लगी। मैरी रोने लगी तो जोजेफ ने उसे ढाढ़स बँधाते हुए कहा, "मैरी! धीरज रखो, मैं ईसा को अवश्य ढूँढ़ लूँगा। मैं अभी उसे खोजने जाता हूँ।" कहकर जोजेफ ईसामसीह को ढूँढ़ने निकल पड़ा।

रात भर जोजेफ ईसामसीह की तलाश में इधर-उधर भटकता रहा, किंतु ईसामसीह का कहीं भी पता नहीं चला। अंत में जोजेफ हारकर मैरी के पास लौट आया।

उस समय मैरी का रो-रोकर बुरा हाल हो रहा था। जोजेफ के काफी समझाने पर भी मैरी को तसल्ली नहीं हो रही थी, क्योंकि अब रात काफी हो चुकी थी, इसलिए सुबह-सवेरे ही दोनों ने यरूशलम जाने का निर्णय किया।

सुबह होते ही दोनों ईसामसीह की खोज में यरूशलम की ओर चल दिए। कुछ समय पश्चात् ही दोनों राजा सोलोमन के बनवाए मंदिर में पहुँच गए। मंदिर में पहुँचते ही दोनों ने ईसामसीह को उपदेशकों के बीच

बैठा पाया तो उनकी जान में जान आई। दौड़कर दोनों ने ईसामसीह को गले से लगा लिया।

मंदिर में बैठा ईसामसीह उपदेशकों के बीच 'ईश्वरीय नियमों' का महत्त्व समझा रहा था।

अपने बेटे को सही-सलामत पाकर जोजेफ और मैरी को तसल्ली हुई। मैरी ने एक मीठी सी ममतामयी डाँट ईसामसीह को लगा दी। तब ईसामसीह शांत स्वर में बोला, "आपको मुझे इस प्रकार ढूँढ़ने की क्या जरूरत थी। आप तो स्वयं ही अंदाजा लगा लेते कि मैं अपने पिता के घर के अलावा और कहाँ जा सकता हूँ।"

ईसामसीह की प्रभु के प्रति ऐसी भक्तिभावना की बात सुनकर देवदूत के कहे शब्द याद हो आए, 'इस बालक का जन्म संसार की भलाई और परमेश्वर की भक्ति के लिए हुआ है।'

अतः दोनों समझ गए कि यह बालक प्रभु के बताए हुए मार्ग पर चल रहा है, इसलिए इससे बहस करना व्यर्थ है। अवश्य ही इस बालक का जन्म ईश्वर के लिए हुआ है। आगे चलकर यह महान् बनेगा।

दोनों बालक ईसामसीह को लेकर वापस अपने शहर लौट आए। धीरे-धीरे ईसामसीह की भक्ति, ईश्वर के प्रति स्नेह, लोककल्याण की भावना उसके नगर नाजेरथ से बाहर भी फैलने लगी। अब लोग अपनी समस्याओं के समाधान के लिए ईसामसीह के पास आने लगे।

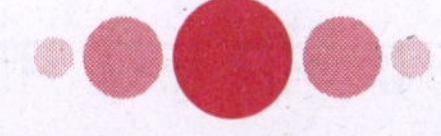

पड़ोसी की परिभाषा

बात उस समय की है जब ईसामसीह की ख्याति चारों ओर फैल रही थी। ईसामसीह की प्रशंसा सुनकर एक न्यायशास्त्री उनसे मिलने नाजेरथ आया। न्यायशास्त्री ईसामसीह से बोला, "लोग तुम्हें ईश्वर का बेटा मानते हैं। भक्ति, ज्ञान और विवेक के विषय में तुम बहुत कुछ जानते हो। अतः तुम मुझे सोच-समझकर बताओ कि एक अंतहीन जीवन कैसे प्राप्त हो सकता है?"

ईसामसीह बोले, "महोदय! आपका प्रश्न बहुत ही तर्कसंगत है, अतः मेरा यही उत्तर है कि जिस व्यक्ति पर ईश्वर की कृपा हो जाए तो वह अनंतकाल तक जीवित रह सकता है। उसके लिए जीवन-मरण जैसे शब्द गौण हो जाते हैं।"

प्रश्न का उत्तर सुनकर न्यायशास्त्री बहुत प्रसन्न हुए, लेकिन तुरंत उन्होंने ईसामसीह से एक प्रश्न और पूछ लिया, "यह बताइए कि एक अच्छे पड़ोसी की परिभाषा क्या है?"

न्यायशास्त्री का प्रश्न सुनकर ईसामसीह ने उन्हें एक कहानी सुनाई–

अपने व्यापार द्वारा कमाए गए धन को लेकर एक व्यक्ति यरूशलम से जैरिको नगर जा रहा था। जैसे ही वह एक सुनसान रास्ते से गुजरा कि कुछ लुटेरों ने उसे पकड़ लिया और उसे मारने-पीटने के पश्चात् उससे

सारा धन छीन लिया तथा अधमरा करके सड़क पर फेंक दिया।

सड़क पर पड़ा व्यक्ति दर्द से कराह रहा था। कुछ समय बाद उसी रास्ते से एक पादरी गुजरा। उसने घायल व्यक्ति को सड़क पर पड़े कराहते हुए देखा। पहले तो उसने घायल व्यक्ति की मदद करने के लिए अपने टट्टू को रोका। लेकिन अगले ही पल उसने यह सोचकर कि कहीं लुटेरे उसका भी यही हाल न कर दें, अपने टट्टू को दौड़ा दिया।

पादरी को अपनी ओर आता देख यात्री की कुछ जान में जान आई थी, लेकिन उसे निराशा ही हाथ लगी।

यात्री नाउम्मीद हो गया और कराहने लगा।

कुछ समय बाद उसी रास्ते से एक उपदेशक गुजरा। दिन-रात लोगों को ज्ञान, विवेक, धर्म और मानवता का पाठ पढ़ाने वाला, हमेशा बुराइयों से दूर रहने की प्रेरणा देने वाला तथा दीन-दुखियों की सेवा को ही धर्म बताने वाला वह उपदेशक भी उस व्यक्ति से नजरें बचाकर चुपचाप वहाँ से खिसक लिया।

यात्री सड़क पर पड़ा कराहता रहा, लेकिन कोई भी उसकी सहायता करने के लिए नहीं रुका।

तभी वहाँ से एक अनजान व्यक्ति गुजरा। वह सैमेरिया का निवासी था। उस समय सैमेरियन और यहूदी आपस में घृणा करते थे। यदि वह व्यक्ति उस घायल व्यक्ति की मदद न भी करता तो कोई आश्चर्य की बात नहीं थी, लेकिन उसने ऐसा नहीं किया। अपने ट्टटू से उतरकर उस

अजनबी सैमेरियन व्यक्ति ने उस घायल व्यक्ति को एक पेड़ के नीचे बैठाया तथा अपनी चादर फाड़कर उसके जख्मों पर पट्टी बाँधी। इतना ही नहीं, वह अजनबी उस घायल व्यक्ति को अपने टट्टू पर बैठाकर एक सराय में ले गया। जहाँ उसे पूरा आराम मिला।

सैमेरियन व्यक्ति उस घायल को सराय के मालिक को सौंपकर अपने कार्य के लिए निकल गया। उसने सराय मालिक को कुछ पैसे भी दिए और कहा, "देखो, यह कुछ पैसे रखो, मैं फिर आऊँगा, बाकी तब दे दूँगा। तुम इसकी देखभाल में जरा भी कमी मत छोड़ना।" कहकर सैमेरियन व्यक्ति वहाँ से चला गया।

घायल व्यक्ति कई दिनों तक सराय में रहा। सराय मालिक ने उसकी देखभाल और उपचार में कोई कसर नहीं छोड़ी।

तीन दिन बाद अपना कार्य करके सैमेरियन व्यक्ति उस सराय में उसी घायल व्यक्ति को देखने आया, जिसे वह तीन दिन पहले दर्द से कराहता हुआ छोड़ गया था।

उस व्यक्ति ने सैमेरियन व्यक्ति का बड़ी गरमजोशी के साथ स्वागत किया और बोला, "मित्र! सचमुच तुम एक अच्छे और नेक इनसान हो, मैं तुम्हारा यह अहसान अपने जीवन में कभी नहीं भूलूँगा। तुमसे पहले भी उस दिन उस रास्ते में दो व्यक्ति और गुजरे थे, लेकिन दोनों नजरें बचाकर वहाँ से निकल गए, मुड़कर मुझे देखा तक नहीं। यदि तुम समय रहते मेरी मदद नहीं करते तो शायद आज मैं जिंदा नहीं होता।"

“ऐसा मत कहो भाई! एक इनसान ही इनसान के काम आता है। उसी इनसानियत के नाते मैंने भी तुम्हारी मदद की, इसमें कौन सी बड़ी बात हो गई।” सैमेरियन व्यक्ति बोला।

“मित्र! तुम वाकई दोस्ती के लायक हो। आज से हम दोनों की दोस्ती पक्की। यदि इस जीवन में मैं तुम्हारे किसी काम आ सका तो खुद को धन्य समझूँगा।” कहते हुए यहूदी व्यक्ति की आँखें भर आईं।

ईसा ने कहानी समाप्त करते हुए कहा, “न्यायशास्त्रीजी, अब आप ही बताएँ कि उन तीनों में सबसे अच्छा पड़ोसी कौन हुआ?”

“सैमेरियन व्यक्ति को ही सच्चा पड़ोसी कहा जाएगा।” न्यायशास्त्री ने कहा।

“फिर तो ठीक है, जब आप एक अच्छे पड़ोसी की परिभाषा समझ ही गए हैं तो जाइए, फिर एक अच्छा पड़ोसी बनने का प्रयास कीजिए।” ईसा बोले।

ईसा का उपदेश सुनकर न्यायशास्त्री की आँखें खुल गईं। अब वह मानव-जीवन का सार समझ चुके थे। उन्होंने तभी ईसामसीह के सामने कसम खाई कि आज से वह अपना सारा जीवन मानवता की सेवा में लगाएँगे।

परमेश्वर की शक्ति

ईश्वर के प्रति ईसामसीह की भक्ति अब और भी प्रगाढ़ होने लगी थी। अपने पिता के साथ कार्य करने के अतिरिक्त ईसामसीह के पास जो भी समय बचता वह उसे ईश्वर की भक्ति में लगा देते। ईसामसीह की प्रभु के प्रति भक्ति और लगाव की चर्चा अब चारों ओर होने लगी थी। ईसामसीह की आयु इस समय तीस वर्ष की हो चुकी थी। अब वह पूर्ण रूप से ईश्वर की भक्ति तथा मानव कल्याण में लग जाना चाहते थे।

अतः एक दिन ईसामसीह ने अपने माता-पिता से आज्ञा ली और जोर्डन नदी की ओर चल दिए। उस समय जोर्डन नदी के किनारे प्रभु का ही एक परमभक्त रहता था, जिसका नाम जॉन था।

जॉन वहाँ के लोगों को भक्ति, कर्म और मानवता के मार्ग पर चलने का उपदेश देता था। वह लोगों को बपतिस्मा (एक ऐसी क्रिया, जिसमें मनुष्य को जल से स्नान कराकर उससे कुछ वचन लिये जाते हैं) दिया करता था।

लोग उनसे प्रश्न किया करते, "परमेश्वर को पाने का मार्ग क्या है?" तब उनका यही उत्तर होता, "परोपकार ही प्रभु को पाने का सबसे सरल मार्ग है। दुखियों की सेवा करना, पाप के रास्ते पर न चलना, नेक और अच्छे कार्य करने से ही प्रभु की प्राप्ति होती है तथा उस तक पहुँचने का

मार्ग प्राप्त होता है।"

जॉन वहाँ के लोगों में निडर और निर्भीक कहे जाते थे। वे अपनी बात कहने में तनिक भी संकोच नहीं करते तथा स्पष्ट शब्दों में लोगों को उनके प्रश्नों के उत्तर देते तथा उनकी समस्याओं का समाधान करते थे। सैमेरियन, फरीसी, सदूसी, यहूदी आदि सभी धर्मों के लोग उनसे मानवता तथा धर्म की शिक्षा लेने आते तथा ध्यानपूर्वक उनके उपदेश सुनते और उनका अनुसरण करते थे।

ईसामसीह ने भी जॉन का नाम सुन रखा था। अत: वे भी जॉन से मिलने जोर्डन नदी के किनारे पहुँचे और जॉन से मिलकर बोले, "हे प्रभु के महान् और सच्चे सेवक! मैंने लोगों से आपका बहुत नाम सुना है। लोग आपकी भक्ति और ज्ञान की प्रशंसा करते नहीं थकते। अत: आपसे विनम्र निवेदन है कि आप मुझे भी बपतिस्मा देने की कृपा करें।"

"क्यों नहीं। मैं आपको बपतिस्मा अवश्य दूँगा, लेकिन महोदय, पहले अपना परिचय तो दीजिए।" जॉन ने कहा।

"लोग मुझे ईसामसीह कहते हैं।" ईसामसीह ने जॉन को अपना परिचय देते हुए कहा।

"अरे! कहीं आप वही ईसामसीह तो नहीं हैं, जिन्हें ईश्वर ने पृथ्वी पर इसलिए भेजा है कि वह यहाँ के लोगों के कष्ट दूर कर सकें, उन्हें मानवता का ज्ञान करा सकें?" जॉन ने आश्चर्य से पूछा।

ईसामसीह ने मुसकराते हुए कहा, "हे ईश्वर भक्त! यह तो आपका

स्नेह तथा मेरे प्रति आपका प्रेम है, जो आप मुझे इस योग्य समझते हैं। अन्यथा मैं तो मात्र एक साधारण सा व्यक्ति हूँ, जो केवल धर्म और मानवता के लिए प्रयत्नशील है। बस परमपिता परमेश्वर का एक छोटा सा सेवक हूँ, इससे अधिक कुछ भी नहीं।"

ईसामसीह का परिचय पाकर तथा उनकी विनम्रता और सरलता देखकर जॉन का चेहरा प्रसन्नता से भर गया। उन्होंने ईसा को नदी में स्नान कराकर बपतिस्मा दिया।

बपतिस्मा लेते ही जैसे एक अद्‌भुत शक्ति का प्रवेश ईसामसीह के शरीर में हो गया। ईसामसीह का चेहरा अलौकिक तेज से प्रकाशमय हो उठा। ईश्वरीय शक्ति का चमत्कार ईसामसीह के चेहरे पर साफ दिखाई दे रहा था।

जॉन से बपतिस्मा लेकर ईसामसीह वीरान जंगल की ओर चल दिए। वहाँ बिना कुछ खाए ईसा ने चालीस दिनों तक ईश्वर की अखंड साधना की।

ईश्वर की इस साधना और भक्ति ने ईसामसीह का चेहरा और भी तेजमय बना दिया था। भले ही इस साधना से उनका शरीर कमजोर हो गया था, लेकिन उनके चेहरे पर ईश्वरीय तेज साफ दिखाई दे रहा था।

शैतान पर विजय

घने जंगलों में तपस्या करने के पश्चात् ईसा वहाँ से चलने लगे। अभी ईसामसीह कुछ दूर ही चले थे कि एक विशाल बवंडर ने उनका रास्ता रोक लिया। वह बवंडर और कोई नहीं बल्कि एक शैतान का ही रूप था।

ईसा के पास आकर शैतान बोला, "क्या तुम्हीं ईसामसीह हो?"

"जी हाँ! मुझे ईसामसीह कहते हैं।" ईसामसीह ने नम्रता से उत्तर दिया।

ईसामसीह का उत्तर सुनकर शैतान ने एक जोरदार और भयानक हँसी छोड़ी। शैतान की इस भयानक हँसी से आस-पास का पूरा वातावरण धूल में बदल गया, लेकिन ईसामसीह उसकी हँसी से बिलकुल भी विचलित नहीं हुए और शांत होकर अपनी जगह पर खड़े ही रहे।

"तो तुम ही ईश्वर के बेटे हो?" शैतान ने फिर एक कड़वी मुसकराहट भरे स्वर में कहा।

"शायद लोगों का यही कहना है।" ईसा ने फिर नरम स्वर में कहा।

"यदि तुम वाकई उस ईश्वर के बेटे हो तो इन पत्थरों को रोटी में बदलकर दिखाओ।" शैतान ने पत्थरों की ओर इशारा करते हुए कहा।

"आदमी केवल रोटी से ही जिंदा नहीं रहता, उसे परमपिता

परमेश्वर के बनाए हुए नियमों का भी पालन करना पड़ता है। इन पत्थरों को रोटियों में बदलकर मैं उस परमेश्वर के बनाए हुए नियम को नहीं तोड़ना चाहता।" ईसामसीह ने शांत भाव से उत्तर दिया।

शैतान समझ चुका था कि ईसा को आसानी से मात नहीं दी जा सकती। ईश्वर की अद्‌भुत शक्ति तथा धर्म का पूर्ण ज्ञान प्राप्त कर चुके ईसा को इस प्रकार नहीं फँसाया जा सकता। अतः शैतान ने ईसा को फँसाने के लिए एक दूसरी योजना बनाई।

शैतान ने ईसामसीह को भ्रमित करने के लिए एक ऐसा परिदृश्य तैयार किया, जिससे ईसा को लगे कि वह यरूशलम के पवित्र मंदिर की छत पर खड़े हैं। फिर शैतान ने उन्हें उकसाते हुए कहा, "जीसस! यदि तुम परमेश्वर के बेटे हो तो इस पवित्र मंदिर की छत से कूद जाओ। तुम्हें अवश्य ही देवदूत बचाने आएँगे, क्योंकि बाइबिल में भी ऐसा ही लिखा हुआ है कि ईश्वर के दूत ईश्वर के बेटे को पृथ्वी पर गिरने से पहले ही थाम लेते हैं।"

शैतान के भ्रमित करने पर भी ईसा ने अपना संयम नहीं छोड़ा और शैतान को समझाते हुए बोले, "हे मूर्ख शैतान! भ्रम पैदा करके तुम क्यों अपना और मेरा समय बरबाद कर रहे हो। यदि यही समय किसी अच्छे कार्य अथवा मानव सेवा में लगाते तो तुम भी ईश्वर की कृपा के पात्र बन जाते। तुम्हें यह भी मालूम होना चाहिए कि बाइबिल में यह भी लिखा है कि तू ईश्वर के अनुयायी को कोई भी लालच नहीं देगा।"

ईसामसीह के समझाने के बाद भी शैतान नहीं समझा और फिर ईसामसीह को लालच देते हुए बोला, "यदि तुम अब भी मेरे पैरों में गिरकर मेरी स्तुति करो तो मैं तुम्हें इस राज्य का स्वामी बना दूँगा। सारे सुख, ऐश्वर्य तुम्हें प्राप्त होंगे। तुम्हें वो सबकुछ मिल सकता है, जिसकी कल्पना एक आदमी संपूर्ण जीवन में भी नहीं कर सकता।"

"अरे मूर्ख शैतान! तुम व्यर्थ ही अपना और मेरा समय बरबाद कर रहे हो। इससे पहले कि मेरा संयम जवाब दे, तुम यहाँ से चले जाओ।" ईसामसीह कड़क आवाज में बोले।

ईसामसीह की तेज आवाज से शैतान सकपका गया। लेकिन इसके बाद भी वह अपनी हरकतों से बाज नहीं आया, जाते-जाते ईसा को एक और प्रलोभन दे डाला।

ईसा को लगा जैसे वे किसी विशाल पर्वत की चोटी पर खड़े हों और शैतान कह रहा हो, 'तुम यदि परमेश्वर के बेटे हो तो इस पर्वत की चोटी से गिरकर दिखाओ, यदि तुम्हें ईश्वर के दूतों ने बचा लिया तो मैं हार मान लूँगा और यदि नहीं तो तुम्हें मेरा आदेश मानना होगा। मैं तुम्हें सबसे शक्तिशाली व्यक्ति बना दूँगा।'

लेकिन ईसा तो प्रभु के सच्चे भक्त थे। उन पर शैतान के प्रलोभन का तनिक भी प्रभाव नहीं पड़ा। हर बार उसे मुँह की खानी पड़ी। इस बार भी ईसा ने गुस्से में आकर कहा, "अरे शैतान! अब तू यहाँ से भाग जा। हमारे पवित्र धर्म में भी लिखा है कि तू केवल अपने ही ईश्वर की पूजा

करेगा। इसके अतिरिक्त तू अन्य किसी भी ईश्वर की पूजा नहीं करेगा।"

अब शैतान की हिम्मत जवाब दे चुकी थी। उसका हर प्रयास विफल हो चुका था। अतः उसने वहाँ से भाग जाने में ही अपनी भलाई समझी। तब तक ईश्वर के कुछ दूत ईसामसीह की सुरक्षा के लिए वहाँ पहुँच चुके थे।

स्थिति को अपने अनुकूल न देखकर शैतान वहाँ से भाग गया। इस प्रकार आज प्रभु के बेटे ईसामसीह ने शैतान को हराकर उसपर विजय प्राप्त कर ली थी। इसके बाद ईसामसीह गैलिनी जाकर ईश्वर भक्तों को धर्मोपदेश देने लगे।

जीसस का धर्मोपदेश

घने जंगलों में तपस्या और शैतान को परास्त करने के बाद ईसामसीह गैलिनी निवासियों के बीच जाकर अपने धर्मोपदेश देने लगे। लोग उनके प्रवचन बड़ी आत्मीयता से सुनते और उनका अनुसरण करने की प्रतिज्ञा लेते। धीरे-धीरे ईसामसीह के शिष्यों की संख्या बढ़ने लगी। कुछ उनके प्रवचन सुनने आते तो कुछ उनके दर्शन करने आते।

इन्हीं शिष्यों के बीच कुछ ऐसे शिष्य भी थे, जिनके मन में अभी संदेह था।

एक दिन एक शंकालु शिष्य ने ईसामसीह से पूछ ही लिया, "जीसस! आप अपने प्रवचनों में हमेशा इसी बात को महत्त्व देते हैं कि परमेश्वर का राज्य आएगा, परंतु कब तक?"

"हे मित्र! तुम निश्‍िंचत रहो, परमेश्वर का राज्य शीघ्र ही आएगा, जिसके लिए तुम्हें भी कुछ त्याग करना पड़ेगा।" ईसामसीह ने मुसकराते हुए कहा।

"कैसा त्याग?" दूसरे शिष्य ने पूछा।

"बुराई का त्याग, ईर्ष्या की भावना का त्याग, दुश्चरित्र का त्याग।"

"क्या इन बुराइयों को त्यागने से परमेश्वर का राज्य आ जाएगा?"

"अवश्य, यदि तुम सब इन बुराइयों को त्याग दोगे तो स्वयं ही

परमेश्वर के निकट पहुँच जाओगे।" ईसा ने कहा।

भीड़ में से एक गरीब वृद्ध ने कँपकँपाती आवाज में कहा, "क्या परमेश्वर के राज्य में गरीबों को भी रहने का स्थान मिलेगा?"

ईसामसीह ने मुसकराकर कहा, "क्यों नहीं, परमेश्वर के राज्य में गरीब हो चाहे अमीर, सभी को रहने, खाने-पीने का अधिकार बराबर दिया जाएगा। परमेश्वर का राज्य तो होगा ही परोपकारी तथा सत्यनिष्ठ लोगों के लिए।"

ईसा ने उस व्यक्ति को फिर समझाते हुए कहा, "आदमी जब अपने खेत में बीज बोता है तो वह चिंता में नहीं डूबा रहता कि इससे क्या पैदा होगा? बल्कि वह तो दिन-रात उसकी देखभाल करता है। और समय पाकर बीज फूटने लगते हैं, वे पौधे बनने लगते हैं, उनमें सुनहरी बालियाँ आने लगती हैं और तभी मालिक उसे काटने के लिए खेत में पहुँचता है, लेकिन यह संभव नहीं कि खेत में बोए गए सारे बीज पौधे बन जाएँ। कुछ बीज जो पथरीली जमीन पर गिर जाते हैं, वे नहीं उग पाते और यदि उग जाते हैं तो अधिक दिनों तक जीवित नहीं रहते, लेकिन जो बीज अच्छी और उपजाऊ भूमि में गिरते हैं, वे खूब फलते-फूलते हैं।"

एक शिष्य ने बीच में ही अपनी समस्या का समाधान पूछते हुए कहा, "जीसस! आप मनुष्य की तुलना बीजों से कर रहे हैं, वह भला कैसे?"

"वह इसलिए कि मनुष्य भी एक बीज के समान ही होता है,

क्योंकि कुछ मनुष्य परमेश्वर का राज्य पाकर भी प्रलोभन में रहते हैं और कुछ मनुष्य ईश्वर के बताए मार्ग पर चलकर फलते-फूलते हैं, उनके उपदेशों का पालन करते हैं। उन्हीं मनुष्यों का जीवन सफल होता है।" ईसामसीह ने शांत भाव से जिज्ञासु को समझाते हुए कहा।

"इसका मतलब यह हुआ कि हमें ईश्वर के उपदेशों पर अमल करना चाहिए।"

"तुमने सही समझा, जिस प्रकार धूप-छाँव सहकर एक नन्हा पौधा एक बड़े वृक्ष का आकार ले लेता है, उसी प्रकार एक मनुष्य भी ईश्वर के बताए मार्ग पर चलकर एक अच्छा व्यक्ति बन सकता है और ईश्वर के राज्य को प्राप्त कर सकता है।"

धीरे-धीरे ईसामसीह के धर्मोपदेशों का प्रचार-प्रसार होता गया और दिन-प्रतिदिन उनके शिष्यों की संख्या बढ़ने लगी। इस बीच ईसामसीह ने अपने अनेक प्रिय शिष्य बनाए, लेकिन उन शिष्यों में भी पतरस, एंड्रियास, याकूब का नाम प्रमुख था। बाद में उनका एक और शिष्य बना, जिसका नाम मत्ती था। मत्ती रोमनों के लिए कर वसूल किया करता था, लेकिन ईसामसीह की शरण में आने के बाद उसने स्वयं को बदल डाला और ईसामसीह की सेवा में ही समर्पित हो गया।

ईसामसीह का चमत्कार

ईसामसीह के अनुयायियों ने एक बार गैलिनो के केना नामक नगर में दावत का प्रबंध किया। उस भोज में शामिल होने के लिए अनुयायियों ने ईसामसीह एवं उनकी माँ मैरी को मुख्य रूप से आमंत्रित किया। ईसामसीह के शिष्य भी उस दावत में उनके साथ शामिल हुए। आनंद-विनोद के वातावरण में दावत का कार्यक्रम जारी रहा। एकाएक एक समस्या उत्पन्न हो गई। दावत में परोसने हेतु जो मदिरा लाई गई थी, वह समाप्त हो गई।

दावत देने वाले दु:खी हो उठे। शीघ्रातिशीघ्र मदिरा का प्रबंध कैसे हो? मेहमानों को नाराज भी नहीं किया जा सकता था। ईसा की माँ ने जब यह माजरा देखा तो वह ईसा से बोली, "बेटे! लगता है, कहीं कुछ गड़बड़ है, मेजबान परेशान हो रहे हैं। जाओ देखो और उनकी सहायता करो।"

माता मैरी को अपने बेटे पर पूरा भरोसा था कि ईसा इस अवसर पर अवश्य कोई अद्‌भुत चमत्कार दिखाकर मेजबानों की मुसीबत का हल निकाल देगा।

ईसामसीह ने अपनी माता की आज्ञा का कभी भी निरादर नहीं किया था। वह नहीं चाहते थे कि उनकी माँ किसी के सामने अपमानित हो,

इसलिए वह तुरंत उठ खड़े हुए। उन्होंने सेवकों से कहा, "यहाँ पर जो पानी से हाथ-मुँह धोने के लिए ये छह बड़े-बड़े मटके रखे हैं, इनमें स्वच्छ जल भर दो। फिर जैसा मैं कहूँ उसी के अनुसार कार्य करो।"

सेवकों ने वैसा ही किया। छहों मटके धोकर साफ किए गए तथा उनमें स्वच्छ पानी भर दिया गया। ईसामसीह ने कुछ पल के लिए अपने नेत्र मूँद लिये तथा ईश्वर से विनती करते रहे, फिर उन्होंने अपने नेत्र खोले तथा उन मटकों को बारी-बारी से स्पर्श किया। ईसामसीह ने उपस्थित मेजबानों से कहा, "अब इस पानी को सर्वप्रथम अपने विशेष अतिथि को चखाइए, तत्पश्चात् सभी मौजूद मेहमानों को परोसिए।"

ईसामसीह के शिष्यों ने जैसे ही मटकों के ढक्कन उठाए, वे आश्चर्यचकित रह गए। छहों मटकों का पानी शराब में बदल चुका था। यह शराब इतनी उम्दा किस्म की थी कि लोगों को इसका पता तक नहीं चल पाया कि यह शराब किस विशेष तरीके से तैयार की गई है।

ईसामसीह ने इस बारे में किसी को कुछ भी नहीं बताया। जब ईसामसीह के बारह सेवकों ने प्रभु के इस करिश्मे का बखान किया तो ईश्वर में उनका विश्वास अटल हो गया। दावत समाप्त होने के बाद ईसामसीह अपने सेवकों के साथ लौट आए।

ईसामसीह के प्रेरक उपदेश

एक बार ईसामसीह के शिष्यों ने नम्रता से पूछा, "प्रभु! आपके हाथों के छूने से रोगी व्यक्ति ठीक हो जाता है। आपके हाथ के स्पर्श मात्र से बुरी आत्माएँ रोगी को छोड़कर चली जाती हैं और रोगी बीमारियों से छुटकारा पा जाता है। अपाहिज लोग चलने-फिरने लगते हैं, अंधा व्यक्ति देखने लगता है, बहरे व्यक्ति में सुनने की क्षमता उत्पन्न हो जाती है। आपके पास ऐसा कौन सा मंत्र है, जिसके पढ़ते ही यह सबकुछ अपने आप होने लगता है। हम तो आपके सेवक हैं, आपके शिष्य हैं, हमें भी उस मंत्र को बताइए न?"

ईसामसीह मुसकराते हुए बोले, "मेरा जो मंत्र है, परमात्मा में श्रद्धा एवं उसके अस्तित्व में अटूट विश्वास। मैं ईश्वर में पूर्ण आस्था रखता हूँ। अतः मेरे संपूर्ण कार्यों में परमपिता परमेश्वर पूरी तरह से मदद करते हैं।"

ईसामसीह अपने शिष्यों को उपदेश देते हुए बताते हैं कि आप लोगों में ईश्वर के प्रति पूर्ण रूप से विश्वास उत्पन्न नहीं हुआ है। तुम्हारी प्रभुभक्ति अभी अधूरी है। जिस दिन तुम अपने आपको पूर्ण रूप से परमपिता परमेश्वर को अर्पित कर दोगे, उस दिन से मुझमें और तुममें कोई फर्क नहीं रह जाएगा। तब तुम भी जैसा चाहोगे, वैसा ही हो जाएगा। आज मैं तुम्हें ऐसी बातें बताता हूँ, जिनके करने से ईश्वर खुश होता है।

जिन लोगों का मन निर्मल होता है, जिनके मन में राग-द्वेष की भावना नहीं होती, जो सदैव परोपकार के कार्यों में लगे रहते हैं, ऐसे मनुष्यों पर परमेश्वर की कृपादृष्टि सर्वदा बनी रहती है।"

ईसामसीह आगे बोले, "जो मनुष्य बलवान, साहसी और परिश्रमी होते हैं तथा इन गुणों के रहते हुए भी जो नम्र तथा धैर्यवान बने रहते हैं, प्रभु ऐसे मनुष्यों से अत्यधिक खुश रहते हैं।"

अपने आत्मिक खोखलेपन को पहचानो, जो आत्मा से दीन होता है, उसे ही उद्धार का दान देकर परमेश्वर सुखी बनाता है।

जो लोग धर्म के प्रति निष्ठावान एवं दूसरे धर्मों के प्रति सहिष्णु होते हैं अर्थात् अपना धर्म दूसरे लोगों पर शक्तिपूर्वक लादने का प्रयास नहीं करते, संपूर्ण संसार को एक परिवार की भाँति समझते हैं, ऐसे मनुष्यों के लिए ईश्वर के हृदय में सर्वदा एक कोमल कोना विद्यमान रहता है। ऐसे मानव आगे चलकर यश एवं कीर्ति के भागी बनते हैं। परमेश्वर की मेहर की दृष्टि उन पर सर्वदा बनी रहती है।

जो लोग दीन-दुःखी, अपाहिज एवं गरीब मनुष्यों की मदद के लिए सर्वदा तत्पर रहते हैं, परमपिता परमेश्वर भी उन मनुष्यों की मदद के लिए सदैव तत्पर रहता है। ऐसे लोग अपने जीवन में सदैव सुख और संतुष्टि पाते हैं।

जो व्यक्ति अपराध के लिए दुःख प्रकट करते हैं अर्थात् जो मनुष्य अनजाने में किए हुए पाप का प्रायश्चित्त कर लेते हैं, उन्हें परमेश्वर की शक्ति अवश्य ही प्राप्त होती है।

जो मनुष्य दूसरों से मेलजोल रखते हैं तथा दूसरों से मेलजोल कराते हैं तथा उनके इस मेलजोल कराने में कोई दूषित भावना नहीं होती, ऐसे मनुष्य ईश्वर की नजर में भले व्यक्ति होते हैं। प्रभु की मेहर उन पर अवश्य होती है।

ऐसे व्यक्ति, जिनमें धर्म के प्रति जागरूकता है, जो ईश्वर के विषय में अधिक-से-अधिक जानने को उत्सुक रहते हैं तथा उसे पाने हेतु उसमें सच्ची आस्था तथा विश्वास रखते हैं, परमेश्वर एक दिन ऐसे व्यक्तियों की इच्छाएँ जरूर पूरी करता है।

ईसामसीह ने अपने शिष्यों को यह भी बताया, "ईश्वर ने व्यक्तियों में अपनी शक्ति इसलिए पैदा नहीं की कि वे पीड़ित हों तथा रोगी बनकर मृत्यु को प्राप्त हो जाएँ, अपितु इसलिए की कि उनका जीवन सुखमय एवं सुंदर हो। वे ईश्वर की सत्ता का अनुभव करते हुए उनके द्वारा दी गई भौतिक वस्तुओं का परमेश्वर को धन्यवाद देकर उपभोग करते रहें तथा अपने जीवन को एक आदर्श जीवन बनाएँ।

अतः मेरा यह कहना है कि प्रत्येक प्राणी पर दया करो। सभी व्यक्तियों से स्नेह करो। अपने शत्रु से तुम नफरत नहीं बल्कि प्रेमपूर्वक व्यवहार करो।"

ईसामसीह की वाणी को उनके शिष्यों तथा सेवकों ने भली प्रकार से कंठस्थ कर लिया तथा अपने को भी ईसामसीह की भाँति बनाने का प्रयत्न करने लगे।

दुष्ट आत्मा से मुक्ति

एक बार ईसामसीह सैबेथ के लिए केपर नगर में धर्मोपदेश दे रहे थे। सैकड़ों से अधिक व्यक्ति शांति मुद्रा में उनके धर्मोपदेश सुन रहे थे। तभी उन्हीं सैकड़ों व्यक्तियों के बीच में एकाएक एक पागल व्यक्ति प्रवेश कर गया।

पागल व्यक्ति के हाथ में एक पत्थर का टुकड़ा था और वह अपने मुख से भद्दी-भद्दी गालियाँ निकाल रहा था। यह दृश्य देखकर भीड़ में भगदड़ मच गई। लोग चिल्लाने लगे, "पकड़ो इस पागल को! मार डालो! यह ईसा के लिए गंदी-गंदी गालियाँ निकाल रहा है।"

श्रोताओं में से कई नवयुवक निकलकर उस पर झपट पड़े। भीड़ उस पागल व्यक्ति को मारने के लिए आमादा हो गई। तभी ईसामसीह शांत भाव से उठे। उन्होंने भीड़ को शांत रहने का आदेश दिया। इसके बाद ईसा उस पागल के पास गए और उसके दोनों हाथों को पकड़ लिया। आश्चर्य की बात यह थी कि ईसामसीह के हाथ पकड़ते ही वह पागल व्यक्ति बिलकुल शांत हो गया। वह फटी-फटी आँखों से ईसा की ओर देख रहा था। ईसा ने कहा, "अरे दुष्ट आत्मा! कौन है तू, जो इस व्यक्ति को पागल बनाए हुए है? तत्काल इसके शरीर से बाहर निकल जा, नहीं तो तुझे अभी भस्म कर दूँगा।"

तभी एक अद्‌भुत चमत्कार हुआ। पागल व्यक्ति ने एक जोरदार चीख मारी तथा इसके साथ ही उसके भीतर बैठी वह दुष्ट आत्मा उसे छोड़कर चली गई। तभी वह पागल व्यक्ति सामान्य स्थिति में आ गया। वहाँ उपस्थित व्यक्ति इस चमत्कार को देखकर अचंभित हो गए। तब से ईश्वर में उनका विश्वास और दृढ़ हो गया तथा वे लोग ईसामसीह को ईश्वर का सच्चा पुत्र मानने लगे।

ईश्वर की सच्ची प्रार्थना

ईसामसीह की ख्याति धीरे-धीरे चारों ओर फैलने लगी। यहूदियों के अतिरिक्त इजराइल में अनेक धर्मों को माननेवाले भी रहते थे। इनमें फरीसी लोग अपने अलग देवता की पूजा करते थे। अत: ईसा की बढ़ती प्रसिद्धि से उन्हें ईर्ष्या होने लगी। एक दिन फरीसियों के मुखिया ने अपने समाज के लोगों को एकत्रित किया और इस समस्या का हल निकालने का प्रस्ताव रखा।

"इसका तो एक ही उपाय है कि किसी तरह हम ईसा को लोगों की नजरों में दोषी साबित कर दें।" किसी दूसरे मनुष्य ने अपना मत दिया।

"परंतु यह होगा कैसे?" मुखिया ने आशंका व्यक्त की।

"धैर्य रखो। वह अवसर भी किसी-न-किसी दिन अवश्य मिल जाएगा।" एक अन्य व्यक्ति ने कहा।

और एक दिन ऐसा अवसर उन्हें मिल भी गया। शनिवार का दिन था। ईसामसीह अपने शिष्यों के साथ एक खेत से होकर गुजर रहे थे। तभी उनके शिष्यों ने खेत में से अनाज की कुछ बालियाँ तोड़ लीं तथा उन्हें हाथों से रगड़कर अनाज के दाने खा लिये। तभी फरीसी किसान वहाँ पहुँच गए। उन्होंने ईसामसीह को बताया, "ईसामसीह! आज तुम्हारे शिष्यों ने यहूदियों की शिक्षा का अनादर किया है।"

"वह कैसे?" ईसामसीह ने शांत भाव से पूछा।

"अरे भूल गए क्या मूसा का निर्देश? यह भी भूल गए कि ईश्वर ने मूसा के द्वारा क्या कहलवाया था? परमेश्वर ने बताया था कि शनिवार के दिन ईश्वर की पूजा के सिवाय कोई और काम न किया जाए। यह भी कि उस दिन किसी का दिल न दुखाया जाए। तुम्हारे शिष्यों ने बिना अनुमति लिये हमारे खेत का अन्न चुराकर खा लिया। यह तो एक दंडनीय अपराध है, ऐसा करके तुम्हारे शिष्यों ने नबी की आज्ञा का उल्लंघन किया है।"

ईसा ने बड़े धैर्य के साथ उनकी बातें सुनीं और बोले, "नबी ने जो कुछ भी कहा था, वह शायद तुम्हें याद नहीं है। मैं तुम्हें बताता हूँ। नबी ने कहा था–'ईश्वर प्रेम चाहता है, हिंसा नहीं।' यदि आप लोगों ने मेरे शब्दों का अर्थ समझ लिया हो तो मेरे शिष्यों की निंदा करना छोड़कर उनसे प्रेम करो। उन्हें दंड देने की बात मत सोचो। मानव जीवन अनमोल है। यह अन्य प्राणियों की अपेक्षा कहीं अधिक महत्त्वपूर्ण है।"

फरीसी इसका जवाब नहीं दे पाए, वे मुँह लटकाकर वापस चले गए।

फरीसियों को अपने रहन-सहन, अपनी परंपरा पर अत्यधिक गर्व था। वे स्वयं अपने हाथों से तश्तरियाँ धोने की परंपरा का कड़ाई से पालन करते थे।

एक बार ईसा अपने प्रिय शिष्य मत्ती के घर उसके निमंत्रण पर कुछ ऐसे लोगों के साथ भोजन करने पहुँचे, जिन्हें फरीसी लोग गुनाहगार

मानते थे। भोजन के पश्चात् उन फरीसियों ने ईसामसीह को घेर लिया तथा उन पर आरोप लगाने लगे। एक फरीसी ऊँची आवाज में बोला, "जीसस! तुम अपने को स्वयं ईश्वर का पुत्र बताते हो और भोजन अपराधियों के साथ करते हो। ऐसे धर्मभ्रष्ट और अपराधियों के साथ भोजन ग्रहण करके तुम स्वयं भी पतित हो गए हो। अतः अब स्वयं को परमेश्वर का पुत्र बताना छोड़ दो।"

ईसामसीह ने मुसकराते हुए जवाब दिया, "मैं उन लोगों को सच्चे मार्ग पर चलने का उपदेश देता हूँ, जो इसके इच्छुक होते हैं। आप लोग तो स्वयं को बहुत ईमानदार मानते हैं, दूसरे लोगों से मेल-जोल भी नहीं करते, फिर आप लोग दूसरों से सच्चाई कैसे सीख पाओगे? एक बात और सुनो, मात्र हाथ धो लेने से ही कोई मनुष्य पवित्र नहीं हो जाता। मानव पवित्र होता है शुद्ध अंतर्मन से। आप लोग यदि अपने अंतर्मन की शुद्धि चाहते हैं तो आपको हत्या, चोरी, क्रोध, तृष्णा और व्यभिचार जैसे दुर्भावों को अपने दिल से निकालना ही होगा।

आप लोग ईश्वर की प्रार्थना करते हैं तथा उनसे स्वयं के लिए कुछ माँगते हैं, तो एक साथ अधिक चीजें कभी भी मत माँगो। वही चीज माँगो जिसकी आपको अधिक जरूरत है। अपने लिए सद्बुद्धि माँगो, दूसरों की भलाई करने की भावना माँगो। ईश्वर से भौतिक सुख की कोई वस्तु मत माँगो। आध्यत्मिक सुख माँगो।"

तभी किसी ने ईसा से पूछा, "जीसस! अपने-अपने इष्ट देवता की

लोग विभिन्न प्रकार से पूजा-अर्चना करते हैं। उनमें से कौन सी विधि उचित है?"

ईसामसीह ने बताया, "विधि कोई भी हो, परंतु उसमें दिखावा नहीं होना चाहिए। परमेश्वर से जो भी विनती करो, सच्चे हृदय से करो। पवित्र हृदय से की गई विनती इस प्रकार की होनी चाहिए– हे प्रभु! तेरा वास स्वर्ग में है, तेरा नाम पावन है, तेरे राज्य का उदय हो। स्वर्ग की भाँति पृथ्वी पर भी तेरी इच्छा पूर्ण हो। प्रतिदिन के समान आज भी हमें रोटी दो। हमें हमारे गुनाहों के लिए क्षमा करो। हमें बुराइयों और लालच से दूर रखो।"

ईश्वर के सच्चे बेटे ईसामसीह के ऐसे वचन सुनकर फरीसियों का भी हृदय पिघलने लगा और वे अपने पुराने रीति-रिवाजों का परित्याग कर ईसा के बताए हुए रास्ते पर चलने लगे।

उत्तम भेंट

ईसामसीह के एक फरीसी अनुयायी ने उन्हें दावत के लिए अपने घर आमंत्रित किया। ईसामसीह अपने शिष्यों के साथ उनके घर पर जा पहुँचे। वहाँ पर उन्होंने अपने शिष्यों के साथ स्वादिष्ट भोजन का आनंद लिया। जब वे अपने फरीसी अनुयायी के घर से चलने के लिए तैयार हुए, उसी समय एक स्त्री वहाँ आ पहुँची, जिसे लोग बदचलन स्त्री के नाम से जानते थे। वह स्त्री आते ही ईसा के चरणों पर गिर पड़ी तथा रो-रोकर कहने लगी, "क्षमा करें परमेश्वर पुत्र! मैंने सुना था कि आज आप यहाँ आने वाले हैं। यह जानकर मैं स्वयं को रोक न पाई और आपके दर्शन के लिए आ पहुँची हूँ। कृपया मुझे अपने चरणों की धूल से पवित्र होने का अवसर दें।"

स्त्री के यह सब कहने पर भी ईसामसीह केवल मुसकराते रहे। उस स्त्री ने एक इत्र की शीशी से ईसामसीह के शरीर पर इत्र छिड़का। उसकी आँखों से आँसू गिर-गिरकर ईसामसीह के कदमों पर पड़ते रहे। यह देखकर मेजबान फरीसी कुछ सोच में पड़ गया। वह मन-ही-मन सोचने लगा-ईसामसीह यदि सचमुच में एक नबी हैं तो इन्हें तो यह मालूम होना चाहिए था कि यह एक बदचलन स्त्री है। एक बदचलन स्त्री से इन्हें अपने पैर स्पर्श नहीं कराने चाहिए। इस प्रकार से तो ये भी अपवित्र हो गए हैं।

ईसा ने उस मेजबान फरीसी की ओर देखा। उन्होंने उसके हृदय में चल रहे द्वंद्व को समझ लिया। तत्पश्चात् ईसा ने कहा, "तुम शायद सोच रहे हो कि इस बदनाम स्त्री के छूने से मैं स्वयं भी अपवित्र हो गया हूँ, लेकिन ऐसा नहीं है। सुनो! इसी विषय में मैं तुम्हें एक छोटी सी घटना सुनाता हूँ–

एक धनी आदमी से दो व्यक्तियों ने कर्ज लिया। एक ने एक पौंड का कर्ज तथा दूसरे व्यक्ति ने पाँच पौंड का कर्ज लिया। दोनों व्यक्तियों ने कुछ समय बाद रुपए वापस करने का वचन दिया था, परंतु कर्जदार व्यक्ति कर्ज वापस नहीं कर पाए। तब धनी व्यक्ति ने उन कर्जदारों की दयनीय दशा देखकर उनके कर्ज को माफ कर दिया। अब तुम मुझे यह बताओ कि दोनों कर्जदारों में से किस कर्जदार ने उस धनी आदमी का अधिक आभार व्यक्त किया?"

"निश्चय ही उस व्यक्ति ने जो धनी आदमी का अधिक कर्जदार था।" मेजबान फरीसी ने कहा।

"तुमने बिलकुल ठीक कहा।" ईसा ने कहा, "उसी व्यक्ति को धनी आदमी का अधिक आभार स्वीकार करना चाहिए। ठीक वही स्थिति इस समय इस बदचलन स्त्री की भी है। आप लोग अपने को सही समझते हैं, इसलिए ईश्वर के प्रति बहुत देनदार नहीं हैं, परंतु यह बदचलन स्त्री अपने को अधिक गुनाहगार समझती है, इसलिए इसकी परमेश्वर के प्रति जिम्मेदारी भी अधिक है। सुनो, जिस समय मैं तुम्हारे घर में आया था तो

तुमने मुझे अपने पाँव धोने हेतु पानी नहीं दिया था, परंतु इस स्त्री ने जिसे तुम सब एक पतिता समझते हो, अपने आँसुओं से न सिर्फ मेरे पाँव ही धोए, अपितु अपने बालों से उन्हें सुखाया भी। आपने तो मेरे पैरों की ओर देखा तक नहीं, जबकि इस स्त्री ने झुककर मेरे पाँव चूमे। आपने तो मेरे शरीर पर लगाने के लिए कोई तेल भी नहीं दिया, जबकि इस स्त्री ने मेरे शरीर पर इतना महँगा इत्र छिड़का। अब स्वयं विचार करो, किसका मन शुद्ध हुआ? तुम्हारा अथवा बदचलन स्त्री का?"

ईसामसीह ने फरीसी अनुयायी को समझाते हुए कहा, "मेरे साथी! सच्चा प्रेम करना सीखो। सच्चे प्रेम के फलस्वरूप ईश्वर उस मनुष्य के संपूर्ण अपराधों को माफ कर देते हैं।"

फरीसी मेजबान का चेहरा शर्म से झुक गया। बदनाम स्त्री ईसामसीह को आभार भरी दृष्टि से देखती हुई बाहर निकल गई। वह स्त्री बहुत खुश थी कि ईसामसीह ने उसकी भेंट सहज भाव से स्वीकार कर ली।

स्पर्श से दुख दूर किया

जिसके स्पर्श मात्र से ही भयंकर से भयंकर रोगी का रोग दूर हो जाता था। फिर भला वह ईश्वर का पुत्र कैसे नहीं कहा जाता। मात्र स्पर्श से रोग दूर करने की अनेक घटनाओं में से एक यह भी है।

एक बार ईसामसीह के शिष्य साइमन की माँ को भयंकर ताप चढ़ गया। उसका संपूर्ण शरीर बुखार से तपने लगा तथा पूरे शरीर में पीड़ा उत्पन्न होने लगी। पीड़ा के फलस्वरूप साइमन की माँ की हालत बिगड़ती गई।

साइमन ने विभिन्न प्रकार से अपनी माँ का इलाज किया, किंतु बुखार व पीड़ा ने साथ न छोड़ा तो साइमन काफी परेशान व चिंतित हो गया। तब उसने अपनी माँ की बीमारी का हाल ईसा को बताया, "जीसस! मेरी माँ की हालत अत्यंत चिंताजनक है। उनका शरीर ताप से जल रहा है। कृपया उनका कष्ट दूर करें।"

साइमन का आग्रह सुनकर ईसा द्रवित हो उठे। वे उसी समय अपने शिष्य साइमन के साथ उसके घर आ गए। साइमन की माँ बिस्तर पर लेटी हुई थी। बुखार के फलस्वरूप उसका शरीर तप रहा था एवं बुरी तरह से काँप रहा था। ईसामसीह ने अपने दाएँ हाथ को बढ़ाकर साइमन की माँ का माथा स्पर्श किया। माथा स्पर्श करते ही एक अद्भुत चमत्कार

हुआ। बुखार ऐसे गायब हो गया जैसे कभी था ही नहीं। साइमन की माँ भली-चंगी होकर बिस्तर से उठ बैठी।

इस अद्‌भुत चमत्कार को देखकर साइमन की माँ कहने लगी, "आप धन्य हैं जीसस! आप सचमुच में ही प्रभु के दूत हैं। आपके स्पर्श मात्र से मेरे कष्टों का निवारण हो गया तथा मुझे कष्टों से मुक्ति मिल गई।" कहते हुए साइमन की माँ ईसामसीह के चरणों में गिर पड़ी।

जब आया तूफान

एक दिन प्रभु ईसामसीह ने किसी निर्जन स्थान पर जाकर विश्राम करने का मन बनाया। वह अपने कुछ शिष्यों के साथ एक द्वीप के लिए चल दिए, क्योंकि द्वीप पर समुद्र से होकर जाना था। अतः शिष्यों ने एक नाव की व्यवस्था की और ईसामसीह के साथ उस द्वीप की ओर चल दिए।

धीमी-धीमी हवा के आनंद में ईसामसीह को नींद आ गई। धीमी-धीमी हवा ने अचानक मौसम का मिजाज बदल दिया और उन हवाओं ने तूफान का रूप धारण कर लिया। सागर में तूफान के कारण बड़ी-बड़ी भयंकर लहरें उठने लगीं। ऐसे में नाव चलाना दूभर हो गया।

सागर में भयंकर लहरें उठते हुए देखकर ईसामसीह के शिष्य व्याकुल हो गए और घबरा उठे। इस घबराहट से छुटकारा पाने के लिए उन्होंने ईसामसीह से विनती की कि वे इस प्रलयकारी तूफान से उनकी रक्षा करें।

अपने प्रिय शिष्यों की विनती सुनकर ईसामसीह शांत भाव से उठ खड़े हुए। शिष्यों के संकट को दूर करने के लिए अंगुली का इशारा कर लहरों को शांत होने का आदेश दिया। ईसामसीह का संकेत पाते ही लहरें बिलकुल शांत हो गईं। हवा की चाल धीमी हो गई। कुछ ही समय बाद

ऐसा प्रतीत होने लगा जैसे कुछ हुआ ही न हो। ईसामसीह की नाव अपनी सामान्य गति से आगे बढ़ने लगी। ईसामसीह के इस कार्य से उनके शिष्य आश्चर्यचकित हुए तथा उनके हृदय में उनके प्रति श्रद्धा और भी बढ़ गई। शिष्यों को दृढ़ विश्वास हो गया कि केवल ईसामसीह ही ऐसे मनुष्य हैं, जो प्रकृति को भी अपने इशारे पर चलने के लिए विवश कर सकते हैं।

मजबूत नींव का भवन

ईसामसीह के प्रिय शिष्य साइमन ने अपने तथा अपने परिवार के लिए एक मकान बनाने का मन बनाया। उसकी ईश्वर में अपार भक्ति थी। अतः मकान बनवाने से पहले वह ईश्वर की प्रार्थना करना चाहता था और वह अपने परिवार के साथ प्रभु की प्रार्थना करने बैठ गया।

प्रभु की प्रार्थना करने के पश्चात् ईसामसीह का शिष्य एक ऐसे किसान के पास गया, जिसके पास कुछ जमीन बेचने के लिए थी। वह जमीन नदी किनारे पर थी।

मन-ही-मन परमेश्वर की प्रार्थना करते हुए साइमन नदी के किनारे वह जमीन देखने के लिए गया। उसने वहाँ चारों ओर घूम-घूमकर एक स्थान का चुनाव कर लिया तथा सुनिश्चित किया कि इसी स्थान पर अपना मकान बनवाना अच्छा रहेगा। वह जमीन एक पथरीले स्थान पर थी। साइमन ने सोचा कि पथरीली जमीन पर मकान का निर्माण करवाना इसलिए उत्तम होगा कि उसकी नींव बहुत मजबूत होगी। इस सोच-विचार के साथ साइमन ने किसान को जमीन की कीमत अदा की तथा किसान से जगह खरीद ली।

घर पहुँचकर साइमन ने जब यह बात अपनी पत्नी को बताई तो इस बात को सुनकर बोली, "साइमन! तुमने इतनी दूर मकान के लिए भूमि

खरीदकर गलती की है। एक तो वह नगर से काफी दूर है, दूसरे वहाँ भवन निर्माण के लिए लागत भी अधिक आएगी। वहाँ तक सामान पहुँचाने तथा भवन निर्माण हेतु बहुत से मजदूरों की व्यवस्था करनी पड़ेगी। अच्छा तो यह होता कि तुम नदी के तट पर किसी ऐसे स्थान का चुनाव करते, जहाँ की जमीन नरम होती। उस स्थिति में मकान बनवाने पर मकान की लागत में कमी आ जाती तथा थोड़े से ही मजदूरों से काम चल जाता।"

अपनी पत्नी की बात सुनकर साइमन बोला, "प्रिय! तुम किसी बात की चिंता मत करो। मैंने इस जमीन का चुनाव ईश्वर के आदेश से ही किया है। और जब ईश्वर ही हमारी रक्षा करनेवाला है तो घबराने की बात ही नहीं है। सब कुछ परमेश्वर की कृपा से ठीक हो जाएगा। बस प्रिय तुम परमेश्वर पर दृढ़ विश्वास बनाए रखो।"

साइमन का मकान बनकर तैयार हो गया और वह अपने परिवार के साथ मकान में रहने लगा। उसने अपने नए भवन में आवश्यकता की समस्त चीजें भर दीं। गरमियों का पूरा मौसम उन्होंने अपने नए घर में हँसी-खुशी के माहौल में बिताया, किंतु वर्षा के आगमन पर उसने अपना कहर ढाना प्रारंभ कर दिया। वर्षा के पानी से नदी उमड़ पड़ी। उसने किनारे तोड़ दिए। जनसंख्या के बहुत बड़े भाग में तबाही आ गई। उस बाढ़ में साइमन का भवन भी फँस गया, परंतु परमेश्वर की असीम कृपा थी, जो उन्हें खाने-पीने के सामान की कोई समस्या उत्पन्न नहीं हुई। प्रभु

की कृपा से साइमन के परिवार का प्रत्येक सदस्य नदी की बाढ़ के पानी में भी सुरक्षित रहा।

ईसामसीह का डेविड नाम का एक दूसरा शिष्य भी था। इसने भी साइमन की तरह उसी नदी के किनारे एक भवन का निर्माण करवाया था, परंतु उसने साइमन की भाँति भवन निर्माण हेतु कठोर जमीन का चुनाव

नहीं किया। अपनी स्त्री की सलाह से उसने ऐसी जमीन का चयन किया, जो मुलायम थी। बेशक भवन निर्माण में उसका खर्च कम पड़ा, परंतु बाढ़ के एक ही रेले में उसका मकान भरभराकर गिर गया। खाने का सामान, अन्न आदि नदी के पानी में बह गए तथा उसके कई पशु भी बाढ़ के पानी में बह गए। वर्षा का वेग रुका तो उसका सबकुछ बरबाद हो चुका था।

दोनों को ईश्वर की सत्ता का आभास हुआ। साइमन चूँकि भवन बनवाने से पहले तथा बाद में भी प्रभु को याद करने एवं उसकी पूजा से नहीं चूका था, इस प्रकार परमेश्वर ने पग-पग पर उसकी रक्षा की।

इसके ठीक विपरीत, डेविड ने अपने भवन निर्माण की धुन में प्रभु को बिलकुल याद ही नहीं किया। अतएव प्रभु ने उसकी ओर से अपनी आँखें फेर लीं। अतः जो व्यक्ति प्रभु में आस्था रखता है तथा उसके बताए हुए रास्ते पर चलता है, वही भविष्य में अपने जीवन को सार्थक तथा चट्टान जैसी नींव दे सकता है। वे मनुष्य जो प्रभु की बातों पर अपने ध्यान को केंद्रित नहीं करते, उनका जीवन इसी तरह रेत के ऊपर बना होता है, जो तनिक सा आघात लगने पर ही टूटकर बिखर जाता है। अतः मनुष्य को चाहिए कि वह अपने जीवनरूपी मकान को बनवाने हेतु मजबूत नींव बनवाए और प्रभु की प्रार्थना करे।

जब अंधा देखने लगा

एक समय की बात है। प्रभु ईसामसीह अपने प्रिय शिष्यों के साथ नगर भ्रमण कर रहे थे। साथ ही कई स्थानों पर रुक-रुककर उपदेश भी दे देते थे। अभी वह किसी मंदिर के निकट से गुजर रहे थे कि उन्हें एक अंधा भिखारी भीख माँगता हुआ दिखाई पड़ा।

ईसामसीह के शिष्यों ने इस दृश्य को देखकर ईसा से पूछा, "जीसस! इस व्यक्ति के विषय में हमें यह जानकारी दें, क्या यह मनुष्य अपने पापों के कारण अंधा है अथवा इसके अंधे होने में इसके माता-पिता का कोई गुनाह है?"

ईसा ने जवाब दिया, "इस मनुष्य के अंधा होने में न तो इसका ही कोई गुनाह है और न ही इसके माँ-बाप का। यह तो इसलिए अंधा हुआ है, जिससे कि यह अब तक अँधेरे का जीवन व्यतीत करता रहे और मैं प्रभु की कृपा से इसकी आँखों की रोशनी लौटा सकूँ, ताकि लोगों के हृदय में ईश्वर की शक्ति का पूर्ण रूप से ज्ञान हो जाए एवं उसकी कीर्ति लोगों के मन में व्याप्त हो सके।"

"तो क्या आप इस अंधे व्यक्ति की रोशनी लौटा सकते हैं?"

"यकीनन! बस तुम देखते रहो।"

ईसा ने अपने शिष्यों को यह बताकर रेत पर थूका। तत्पश्चात् उस

थूक को मिट्टी में मिलाकर एक मरहम सा बनाया और अंधे व्यक्ति के नेत्रों पर लगा दिया। इसके बाद उन्होंने अंधे व्यक्ति से कहा, "अब जाकर सिलोम के तालाब में अपने नेत्रों को धो लो। प्रभु ने चाहा तो तुम्हारी दोनों आँखों में ज्योति आ जाएगी। तुम भी दूसरों की भाँति ईश्वर की दी हुई वस्तुओं को भलि-भाँति देख सकोगे।"

अंधे मनुष्य ने ईसा की बताई हुई बातों पर ध्यान दिया और वैसा ही किया जैसा उन्होंने कहा था। उसने सिलोम के तालाब में जाकर उसके जल से अपनी दोनों आँखों को धोया, धोते ही एक चमत्कार हुआ, उसकी आँखों में ज्योति आ गई। सामने और आस-पास की प्रत्येक वस्तु उसे भली-भाँति दिखाई देने लगी। यह देखकर वह खुश होकर चिल्ला उठा, "अब मैं देख सकता हूँ। मुझे प्रत्येक वस्तु साफ-साफ दिखाई दे रही है। हे सच्चे प्रभु! तेरा लाख-लाख धन्यवाद। तुमने मुझ अंधे को नया जीवन प्रदान कर दिया।"

वहाँ उपस्थित अन्य व्यक्तियों ने इस अनोखे चमत्कार को देखा तथा इस चमत्कार से प्रभावित होकर विस्मित हो उठे, परंतु फरीसियों को ईसामसीह का यह अद्भुत चमत्कार देखकर ईर्ष्या होने लगी।

जब लँगड़ा चलने लगा

जगह-जगह उपदेश देते हुए प्रभु ईसामसीह अपने प्रिय शिष्यों के साथ यरूशलम के निकट एक गाँव बाथेस्टा में पहुँचे।

बाथेस्टा में एक विशाल तालाब था। तालाब के किनारे पत्थरों के बहुत से दालान बने हुए थे, जिनमें अनेक रोगी, अपाहिज और बीमार आदमी पड़े रहते थे। उन लोगों का यह दृढ़ विश्वास था कि किसी दिन कोई देवदूत यहाँ आएगा, वह तालाब के पानी को हिलाएगा तथा पानी हिलने के पश्चात् जो रोगी मनुष्य तालाब में उतरकर नहाएगा, वह उसी समय ठीक हो जाएगा। ऐसे ही विचार मन में लिये वहाँ अनेक रोगी अनेक वर्षों से रह रहे थे।

जब ईसामसीह इन निर्धन एवं दुःखी लोगों के पास पहुँचे तो उन्होंने देखा कि तालाब के समीप एक अपाहिज व्यक्ति एक टाट की चटाई पर लेटा हुआ था। वह लँगड़ा पिछले अड़तीस सालों से यहाँ इस आशा के साथ रह रहा था कि जब देवदूत इस तालाब के जल को आकर हिलाएगा तो वह ही सबसे पहले तालाब के जल में उतरकर स्वास्थ्य लाभ उठाएगा। दूसरे लोगों की बारी उसके बाद ही आएगी। ईसा ने जब उसके पास जाकर पूछा कि तुम अभी तक तालाब में उतरे क्यों नहीं तो वह बड़ी दुःख भरी आवाज में बोला, "मैंने अनेक बार प्रयत्न किया कि तालाब में

उतरकर स्नान कर लूँ, परंतु प्रत्येक बार कोई न कोई व्यक्ति मुझसे पहले तालाब में पहुँच जाता है। मैं अपाहिज हूँ, मेरी टाँगें नहीं हैं, इसी कारण प्रत्येक बार पीछे रह जाता हूँ।"

उसकी विवशता पर ईसामसीह के हृदय में दया आई। वे बोल उठे,

“उठो तथा उठकर तालाब की ओर चलना आरंभ कर दो।”

ईसामसीह का इतना कहना था कि न जाने कैसे उस अपाहिज व्यक्ति के शरीर में बल आ गया और वह धीरे-धीरे घुटनों के बल उठा, फिर सीधा खड़ा हो गया। अपने को सँभालकर अपाहिज व्यक्ति ने अपना प्रथम कदम आगे बढ़ाया, फिर दूसरा। शीघ्र ही उसे आभास हो गया कि वह बड़ी स्थिरता से चल-फिर सकता है। स्वयं को बिलकुल स्वस्थ महसूस कर उसे बहुत खुशी हुई। वह ईसामसीह को धन्यवाद देने हेतु आया, किंतु तब तक ईसामसीह वहाँ से जा चुके थे। अपाहिज व्यक्ति को ईसामसीह से न मिलने पर काफी दु:ख हुआ कि वह अपने परोपकारी का शुक्रिया भी अदा न कर सका, परंतु फिर यह सोचकर उसके मन को शांति मिली कि अवश्य ही प्रभु ने उसे अपने दूत के रूप में उसका उद्धार करने के लिए भेजा था। बस फिर क्या था, उसने अपनी चटाई समेटी तथा बिस्तर बगल में दबाया और अपने घर की ओर दौड़ पड़ा।

बाद में संध्या के समय उस व्यक्ति ने प्रभु के पुत्र ईसामसीह से मंदिर में भेंट की। उस व्यक्ति ने ईसामसीह के चमत्कार का बहुत-बहुत आभार प्रकट किया और उनके समक्ष यह दृढ़ संकल्प लिया कि आज के बाद वह अपना बाकी जीवन अच्छे कार्यों में लगा देगा। उसने अपना वादा निभाया भी। जीवन के बचे हुए दिन उसने दूसरों की भलाई और मानव सेवा को समर्पित कर दिए।

शिष्यों को उपदेश

ईसामसीह के जहाँ शुभचिंतकों, भक्तों की कमी नहीं थी, वहीं उनसे ईर्ष्या करनेवालों में भी बहुत से लोग थे। दुख की बात यह थी कि उनका एक शिष्य ही उनसे बदला लेने की फिराक में था। उसका नाम जुडास था। जुडास ईसामसीह के धन की व्यवस्था देखता था। इस कार्य में वह कभी-कभी बेईमानी भी कर लेता था। ईसामसीह ने उसे कई बार समझाया तथा अपमानित भी किया। इसी अपमान के कारण वह ईसामसीह का विरोधी हो गया था।

उधर फरीसी लोग भी योजना बनाते रहते थे कि कब ईसामसीह को किसी संगीन आरोप के घेरे में लेकर उन्हें मार डाला जाए। उनके जासूस सदैव किसी ऐसे मनुष्य की तलाश करते रहते थे, जो ईसामसीह को पकड़वाने में उनकी सहायता करे। सौभाग्य से एक ऐसे व्यक्ति की जुडास से भेंट हो गई। मौका देखकर फरीसी लोग एक रात जुडास से मिले और उससे बोले कि वह ईसामसीह को पकड़वाने में उनकी सहायता करे। अपमान की अग्नि में जलता हुआ जुडास इस बात को मान गया तथा ईसामसीह को पकड़वाने के लिए तैयार हो गया, परंतु जुडास ने ईसामसीह के बारे में मुफ्त सूचना देने से मना कर दिया। उसने सूचना देने के बदले में तीस चाँदी के सिक्के उनसे वसूले। इस प्रकार ईश्वर की

सच्ची संतान ईसामसीह को मरवाने के लिए कुटिल योजना बनाई गई।

यहूदियों की परंपरा के अनुसार लांघन पर्व के अंत में ईसामसीह को एक भोज में सब लोगों के साथ बैठकर दावत खानी थी। अतः यहूदियों ने एक गुप्त स्थान का चुनाव कर वहाँ दावत का प्रबंध किया।

ईसामसीह के सभी शिष्य दावत में उनके साथ आए हुए थे। सभी लोग भोजन की मेज पर बैठ गए। उनके भोजन में एक विशेष प्रकार की रोटी बनाई गई थी। मेमने का गोश्त और कुछ जड़ी-बूटियों से बनाई गई चटनी थी। भोजन ग्रहण करने से पूर्व अपने उपदेश में उन्होंने बताया कि प्रभु अपने शिष्यों के प्रति अत्यधिक दयालुता का भाव रखता है एवं उनसे बहुत अधिक स्नेह करता है।

उसके बाद उन्होंने सामने रखे भोजन में से एक रोटी उठाई और उसके बारह टुकड़े करके एक-एक टुकड़ा अपने सभी शिष्यों को दे दिया। इसके बाद ईसामसीह ने अपने शिष्यों से कहा, "मेरे प्रिय शिष्यो! रोटी के इन टुकड़ों को मेरे शरीर का मांस समझो, जो मैं तुम्हें दे रहा हूँ। भविष्य में जब भी तुम लोग रोटी को अलग-अलग भागों में वितरण करो, तो मुझे अवश्य याद कर लेना।"

इसके बाद ईसामसीह ने एक-एक करके बारह कपों में मदिरा भरी तथा उन्हें अपने शिष्यों को देकर बोले, "इस मदिरा को मेरा रक्त समझकर पी जाओ, क्योंकि यह रक्त तत्काल इसलिए बहाया जाएगा, ताकि मनुष्यों के अपराधों को परमेश्वर माफ कर दे।"

ईसामसीह ने फिर अपना चोगा उतारकर उसके स्थान पर एक अँगोछा पहन लिया। एक तसले में पानी भरा तथा बारी-बारी से प्रत्येक शिष्य के पास जाकर उसके पैर धोए। उनके एक शिष्य ने उन्हें ऐसा करने से रोका और अपने पैर धुलवाने से मना किया तो ईसा ने कहा, "मैं ऐसा इसलिए कर रहा हूँ, क्योंकि मैं प्रत्येक व्यक्ति से सच्चा स्नेह करता हूँ। सभी लोगों से मैं यही कहना चाहता हूँ कि आप सब भी अपने साथियों की इसी प्रकार सेवा करें, जैसे एक सेवक अपने मालिक की सेवा करता है।"

इसके बाद अपनी मेज पर पुनः बैठ गए तथा दुःख भरे शब्दों में कहा, "मुझे मालूम है कि तुम लोगों में से एक आदमी ऐसा भी है, जो मुझे मेरे दुश्मनों को सौंपने जा रहा है।"

यह सुनकर ईसामसीह के शिष्य आश्चर्य में पड़ गए। वे एक-दूसरे को आश्चर्य से देखने लगे। ईसा ने साफ तौर पर देखा कि यह बात सुनकर जुडास के चेहरे पर हवाइयाँ उड़ने लगी थीं, परंतु ईसा ने उससे कुछ नहीं कहा।

भोजन के बाद ईसामसीह उठे तथा गेथसमीन नामक बाग की ओर चल पड़े। उनके शिष्य भी उनके पीछे-पीछे चल पड़े। कुछ देर बाद ईश्वर के सच्चे पुत्र ईसामसीह ने पीछे मुड़कर देखा तो जुडास अँधेरे का लाभ उठाकर वहाँ से भाग गया था।

शिष्य द्वारा विश्वासघात

परमपिता परमेश्वर के पुत्र ईसामसीह ने भविष्य में घटने वाली घटनाओं को पहले ही देख लिया था। अतः उन्होंने अपने प्रिय शिष्यों से कहा, "यदि मैं रोमन सैनिकों द्वारा गिरफ्तार किया गया तो तुम सभी मुझे (ईसामसीह) पहचानने से इनकार कर देना। इससे पहले सैनिक यहाँ पहुँचें, तुम सभी यहाँ से चले जाओ।"

किंतु साइमन ने कहा, "परमेश्वर! मैं आपको छोड़कर कहीं नहीं जाऊँगा। मैं अंतिम समय तक आपके साथ ही रहूँगा।"

ईसामसीह शांत रहे, परंतु वे सभी के हृदय की बात जानने वाले थे अर्थात् अंतर्यामी थे। उन्हें भली-भाँति जानकारी थी कि साइमन ही उनका एक ऐसा शिष्य है, जो अपनी बात पर अटल रहनेवाला है। ईसामसीह बोले, "साइमन! मुझे पता है कि तुम मेरे एक बहुत अच्छे शिष्य हो। मैं तुम्हारी इस अभिलाषा से भी परिचित हूँ कि तुम मुझे छोड़कर कहीं जाना नहीं चाहते, परंतु मैं यह भी जानता हूँ कि ऐसा होगा नहीं। जब मुझ पर मुकदमा चलाया जाएगा, उस दिन प्रातः मुर्गे के तीन बार बाँग देने से पूर्व ही तुम मुझे पहचानने से स्पष्ट इनकार कर चुके होगे।" वे अपने शेष अन्य शिष्यों से भी बोले कि कल वे जहाँ भी हों, मेरे लिए सलामती की दुआ करें।

उसके बाद ईसामसीह प्रार्थना करने चले गए। उन्होंने प्रभु से विनती की, "हे प्रभु! आप वैसा ही करें, जिसे आप अच्छा समझते हैं।"

ईसामसीह जब वापस लौटे तो उन्हें बाहर अँधेरे में कदमों की आहट सुनाई दी। उन्होंने अपने शिष्यों को उठाया तथा बताया कि उधर की ओर देखो, मुझको गिरफ्तार करने के लिए रोमन सैनिक आ चुके हैं।

प्रत्येक शिष्य ने उठकर बाहर की ओर देखा। एक विशाल भीड़ कुछ रोमन सिपाहियों के साथ उसी मकान की दिशा में आगे की ओर बढ़ रही थी। सभी लोगों के हाथों में हथियार थे। उनके आगे-आगे धर्मगुरु के साथ जुडास चल रहा था।

भवन के पास पहुँचकर वे सब कुछ देर के लिए रुक गए। जुडास ने धर्मगुरु को बताया, "यहाँ अनेक व्यक्ति विद्यमान हैं। मैं आगे बढ़कर जिस मनुष्य का माथा चूमूँ, आप समझ लेना कि वही ईसामसीह है।"

ईसा तो जैसे उसी का इंतजार कर रहे थे। जुडास ने आगे बढ़कर ईसा का माथा चूमा तथा कहा, "शांति गुरु शांति।"

इशारा पाते ही रोमन सैनिक आगे की ओर बढ़े। उन्होंने ईसामसीह को पकड़ लिया। ईसामसीह के शिष्यों ने आगे बढ़कर उनका सामना करना चाहा, परंतु ईसामसीह ने शांति बनाए रखने को कहा। ईसामसीह के मना करने पर भी साइमन ने आगे बढ़कर एक सैनिक से उसकी तलवार छीन ली तथा तलवार के प्रहार से उसका एक कान काट डाला; परंतु ईसामसीह ने अपने अद्‌भुत चमत्कार से सैनिक के कान को पुनः

ठीक कर दिया।

ईसामसीह को गिरफ्तार कर यरूशलम लाया गया तथा उन्हें जेल में बंद कर दिया गया। रात भर ईसामसीह जेल में बंद रहे। रोमन अधिकारी भिन्न-भिन्न प्रकार के प्रश्न पूछ-पूछकर परेशान करते रहे।

जब ईसामसीह उनके पूछे गए प्रश्नों का जवाब नहीं देते थे तो वे उन्हें कोड़ों से मारते थे। पूरी रात ईसामसीह पर विभिन्न प्रकार के अत्याचार किए जाते रहे, परंतु वे इन अत्याचारों को भी सहते रहे तथा उन्होंने चुप्पी साध ली। परेशान होकर रोमन सैनिक अधिकारी उन्हें कैदखाने में छोड़कर वापस चले गए।

दूसरे दिन प्रातःकाल के समय ईसामसीह को मुख्य दंडाधिकारी के समक्ष पेश किया गया। वहाँ फरीसी धर्मगुरु ने उनसे पूछा, "ईसा! क्या तुम अपने आपको परमेश्वर का बेटा मानते हो?"

"हाँ, मैं परमेश्वर का बेटा हूँ।" ईसामसीह ने जवाब दिया। यह सुनकर वहाँ मौजूद समस्त लोग तथा रोमन सैनिक हँसने लगे और उनका मजाक उड़ाने लगे।

धर्मगुरु ने आगे पूछा, "तुम पर आरोप है कि तुम लोगों को राज्य के विरुद्ध बगावत करने के लिए उकसाते हो।"

ईसामसीह ने जवाब दिया, "मैंने आज तक कोई भी कार्य चोरी से तथा छिपकर नहीं किया। लोग खुशी-खुशी से मेरे पास आते हैं। मैं उन्हें प्रभु की सत्ता तथा उनके आदेशों को बताता व समझाता हूँ। यदि आप

लोग इसे बगावत समझते हैं तो यह कसूर आपका है, मेरा नहीं।"

"तुम्हारे शेष मित्र कहाँ हैं?" धर्मगुरु ने पूछा।

"मेरे मित्र तो संपूर्ण इजराइल के लोग हैं। मैं किस-किस के नाम बताऊँ? जो भी मेरे आदेशों को मानता है, वही मेरा सच्चा मित्र है।"

दंडाधिकारी ने पूछा, "तुम्हारे कितने शिष्य हैं?"

ईसामसीह ने उत्तर दिया, "एक हो तो बताऊँ, मेरे तो अनगिनत शिष्य हैं। जो सबके सब मुझसे स्नेह करते हैं।"

"तुम लोगों में धर्म के विपरीत बातें फैला रहे हो। यह भी बताते हो कि तुम ही इस राज्य के सच्चे सम्राट् हो।"

ईसामसीह ने कहा, "मेरे प्रत्येक अनुयायी को मालूम है कि मैंने कभी भी कोई बात धर्म के विपरीत नहीं कही है। सर्वदा भाईचारे, आपस में मिल-जुलकर रहने तथा प्रेमपूर्वक रहने के ही उपदेश दिए हैं। इस पर भी आप मुझे गुनाहगार समझते हैं तो आप ऐसा सोचने के लिए स्वतंत्र हैं।"

ईसा के निर्भीक उत्तर से प्रमुख धर्मगुरु चिढ़ गए और क्रोधित हो गए। इस दृश्य को देखकर उनके एक नौकर ने ईसामसीह के मुख पर थप्पड़ मारा और बोला, "गुस्ताख! प्रमुख धर्मगुरु से जुबान लड़ाता है। क्या तुझे पता नहीं है कि प्रमुख धर्मगुरु से किस तरह बातें की जाती हैं?"

इस बात को सुनकर ईसामसीह ने उत्तर दिया, "यदि मैंने गलत

जवाब दिया है तो मुझे यह बताओ कि उसमें गलती क्या थी? और गलती नहीं है तो मुझे मारने का आपको कोई अधिकार नहीं है।" ईसामसीह ने कहा।

"अधिकार है।" मुख्य दंडाधिकारी ने कहा, "तुम राज्य में विद्रोह फैला रहे हो। यही दोष तुम्हें मृत्युदंड की सजा देने के लिए पर्याप्त है।"

इस बात को सुनकर ईसामसीह बोले, "तुम्हारे जो मन में आए करो, परंतु तुम्हारी यातनाओं से भयभीत होकर मैं अपना रास्ता नहीं बदल सकता।"

ईसामसीह का यह जवाब सुनकर रोमन सिपाहियों ने ईसा को बाँधा और घसीटते हुए पुनः कैदखाने में ले गए।

मौजूद फरीसी समूह ने खुशी-खुशी तालियाँ बजाईं, परंतु ईसामसीह के अनुयायियों के चेहरे पर उदासी छा गई। एक बार फिर ईसामसीह को कैदखाने में डाल दिया गया।

अगले दिन प्रमुख धर्मगुरु ने अपने घर पर एक सभा का आयोजन किया, जिसमें बहुत से बड़े-बड़े फरीसी अधिकारी तथा धर्मगुरुओं ने भाग लिया।

मुख्य दंडाधिकारी ने उन बड़े-बड़े फरीसी अधिकारी तथा धर्मगुरुओं को बताया, "ईसामसीह नामक उस मनुष्य के विरुद्ध बगावत फैलाने का तो कोई प्रमाण नहीं है। अब आप लोग कोई ऐसा तरीका सुझाइए, जिससे कि हम इस व्यक्ति को दंडित कर सकें?"

"क्या कुछ ऐसे मनुष्यों को गवाह के तौर पर नहीं बुलाया जा सकता, जो ईसामसीह के विरुद्ध यह गवाही दे सकें कि ईसामसीह ने हमें राजद्रोह के लिए प्रेरित किया?" एक धर्मगुरु ने पूछा।

"नहीं! झूठे गवाहों से काम नहीं चलेगा।" दंडाधिकारी ने कहा, "ऐसे गवाह बाद में मुकर सकते हैं। जब जनता को ऐसे झूठे गवाहों के विषय में पता चलेगा तो वह क्रोध तथा आक्रोश में आकर उन लोगों को मार भी सकती है। इस प्रकार तो जनता का सरकार पर से विश्वास उठ जाएगा तथा ईसामसीह जननायक बन जाएगा।"

अन्य धर्मगुरु ने कहा, "फिर आप उस पर वह इलजाम थोपिए, जिसे कबूल करने से ईसामसीह स्वयं भी इनकार न कर सके।"

"कौन सा इलजाम?"

"ईसा ने खुद मुझे बताया था कि मैं मंदिर को गिरवा दूँ तो तीन दिन में मैं दूसरे मंदिर का निर्माण करवा सकता हूँ। अब सोचिए, कितना बड़ा झूठ है। जो मंदिर कई सालों में बनकर तैयार हुआ है, उसे यह दंभी आदमी तीन दिन में कैसे बनवा सकता है?"

"हाँ! यह आरोप लगाया जा सकता है, परंतु केवल कुछ सीमा तक ही।" तब ईसामसीह को फिर से दंडाधिकारी के समक्ष पेश होने का आदेश दिया गया।

न्यायालाय में उस दिन भारी भीड़ थी, भीड़ इसलिए एकत्रित हुई थी कि देखें ईसामसीह को क्या सजा दी जाती है। प्रमुख धर्मगुरु ने

ईसामसीह से प्रश्न किया, "ईसा! अभी कुछ दिन पहले तुमने मुझसे मंदिर के विषय में यह बताया था कि यह मेरे पिता का घर है और यह भी कि हमने उसे चोर-लुटेरों का अड्डा बना दिया है। उस दिन तुमने कुछ व्यापारियों को भी प्रताड़ित करके उन्हें आर्थिक क्षति पहुँचाई थी। याद है न?"

"खूब अच्छी तरह से याद है।" ईसामसीह ने कहा।

"मंदिर की पवित्रता को भंग न करने के बारे में मेरा आपसे कुछ वाद-विवाद भी हुआ था, उस वाद-विवाद में तुमने यह कहा था कि यदि मैं मंदिर को नष्ट कर दूँ तो तुम मात्र तीन दिन में ही नया मंदिर खड़ा करके दिखा सकते हो?" धर्मगुरु ने कहा।

"हाँ, यह भी कहा था।"

"देखा आपने!" पादरी भीड़ से उन्मुख हुआ, "अब यह तथाकथित ईश्वर का पुत्र स्वतः प्रभु बनने का दावा कर रहा है।"

"यह झूठा है।" भीड़ में से कोई व्यक्ति चिल्लाया, "मारो इसे।"

"इसे सूली पर चढ़ा दो।"

"ऐसे झूठ बोलने वाले व्यक्ति को जीवित रहने का कोई अधिकार नहीं है।" उत्तेजित भीड़ चिल्लाई।

इसके बाद उत्तेजित भीड़ ईसामसीह पर टूट पड़ी। भीड़ ने ईसा पर थूका, उनके ऊपर जूते-चप्पल फेंके गए।

सिपाहियों ने शीघ्रता से उनकी आँखों पर पट्टियाँ बाँधीं तथा उन्हें

घसीटते हुए ले गए।

ईसामसीह पर जिस समय अत्याचार किए जा रहे थे, उसी समय साइमन पीटर मंदिर के बाहर अग्नि के निकट खड़ा था। उसकी आँखों से आँसुओं का प्रवाह बह रहा था। तभी एक फरीसी स्त्री वहाँ से गुजर रही थी। साइमन को विलाप करते देखा तो वह कुछ क्षण के लिए वहीं रुक गई। उसने जब विचार किया तो तत्काल उसको ध्यान में आ गया कि यह व्यक्ति तो ईसामसीह के उन बारह शिष्यों में से एक है, जिसे उसने कुछ दिन पूर्व उनके साथ देखा था। बस फिर क्या था, उसने साइमन के वहाँ होने की सूचना चुपके से एक सिपाही को दे दी। परिणाम यह हुआ कि साइमन को पकड़ लिया गया। साइमन से पूछताछ की गई।

जाँच अधिकारी ने साइमन से पूछा, "तुम तो गैलिनी के रहनेवाले हो न, तुम्हें कई बार ईसा के साथ देखा गया था।"

साइमन ने बताया, "नहीं, मैं वो नहीं हूँ। वह कोई और आदमी होगा, जिसकी शक्ल-सूरत मुझसे मिलती-जुलती होगी।"

जाँच अधिकारी ने साइमन से यह प्रश्न तीन बार किया, पर साइमन ने इनकार करते हुए बताया कि उसने न तो ईसामसीह से कभी संपर्क किया है तथा न ही वह उसे जानता है। जाँच अधिकारी ने निराश होकर उसे छोड़ दिया। वहाँ से छूटकर साइमन एक अँधेरे कोने में खड़ा होकर बहुत रोया कि उसने ईसामसीह को दिए गए वचन को भंग कर दिया।

प्रमुख धर्मगुरु ने अगले दिन ईसामसीह को कैदी के रूप में रोमन

गवर्नर पोंटियस पायलट के सामने पेश किया। गवर्नर ने प्रमुख धर्मगुरु से पूछा, "इस व्यक्ति का कसूर क्या है, जो तुम मेरे पास लाए हो?"

"महाशय! यह व्यक्ति राज्य का बागी है, लोगों को बगावत हेतु उकसाता है तथा सभी लोगों से कहता है कि रोमन राजा सीजर को कर मत दो। यह अपने को राजाओं का राजा बताता है। अत: इस व्यक्ति को मृत्युदंड देना चाहिए।"

"तुम लोग खुद ही अपने नियमों द्वारा इसका न्याय क्यों नहीं करते? तुम तो प्रमुख धर्मगुरु हो।" गवर्नर ने पूछा।

"हम धार्मिक प्रवृत्ति के लोग हैं।" प्रमुख धर्मगुरु ने बात बताई, "हमें किसी को मृत्युदंड देने का अधिकार नहीं है। यह कार्य तो शासन का है, अत: अब आपको ही इस बात का फैसला लेना है कि इसे दंड दें अथवा छोड़ दें।"

गवर्नर ने भी ईसा से वही प्रश्न किए, जिनका कि वह पहले ही जवाब दे चुके थे। प्रश्नों के दौरान गवर्नर ने महसूस किया कि ईसामसीह सचमुच एक निर्दोष व्यक्ति है। कुछ फैसला देने से पहले उसने धर्मगुरु से कहा, "राज्य की ओर से प्रत्येक लांघन त्योहार पर एक कैदी को छोड़ा जाता है। क्यों न परंपरा को स्वीकार करते हुए इस बार हम ईसा को मुक्त कर दें।"

परंतु प्रमुख धर्मगुरु ने इसका जोरदार विरोध किया, बाहर मौजूद भारी भीड़ ने भी उसकी बात का समर्थन किया तो रोमन गवर्नर सोच में पड़ गया।

गवर्नर एक उदार दिल का व्यक्ति था तथा उसकी इच्छा नहीं थी कि एक निर्दोष मनुष्य को उसके आदेश पर फाँसी पर चढ़ा दिया जाए। इसलिए गवर्नर ने कहा, "ईसा चूँकि गैलिनी क्षेत्र के निवासी हैं। अतः ईसामसीह को गैलिनी के शासनाधिकारी हैरोद के पास भेज दिया जाए। हैरोद को ही उन्हें सजा देने का अधिकार है। ईसा को दंड देना मेरे अधिकार क्षेत्र से बाहर की बात है।"

गवर्नर के इस प्रकार के निर्णय देने के बाद ईसा को गैलिनी के शासनाधिकारी के सामने उपस्थित किया गया तथा लांघन त्योहार के मौके पर एक कैदी को छोड़ने की परंपरा में ईसामसीह के स्थान पर बेराबेस नामक एक ऐसे व्यक्ति को कैद से छोड़ा गया, जिसपर अनेक व्यक्तियों के कत्ल, चोरी ओर डकैती के मुकदमे चल रहे थे।

क्रॉस पर ईसामसीह

गैलिनी के शासनाधिकारी ने भी ईसामसीह से अनेक प्रश्न पूछकर वापस यरूशलम के गर्वनर के पास भेज दिया। अंत में हारकर यरूशलम के गर्वनर ने ईसा को सजा सुनाते हुए कहा, "इसे मृत्युदंड तो नहीं दिया जा सकता, इसे बीस कोड़े लगाकर छोड़ दिया जाए।"

गवर्नर के इस प्रकार के निर्णय देने पर धर्मगुरु नाराज हो गए। उन्होंने भीड़ को भड़काना आरंभ कर दिया। भीड़ उत्तेजित होकर नारे लगाने लगी, "नहीं, इस आदमी को हरगिज न छोड़ा जाए। इसे रोमन तरीके से मृत्युदंड की सजा दी जाए।

"इसे क्रॉस पर बाँधकर लटकाया जाए। इसके संपूर्ण शरीर में कीलें ठोकनी चाहिए। यह गद्दार है, देशद्रोही है, हम इस आदमी को अपना राजा नहीं मान सकते, हमारा राजा सीजर है। इसे मौत की सजा दी जाए।

"फाँसी, फाँसी! इस नकली राजा को फाँसी की सजा दी जाए।"

अब तो गवर्नर निराश हो गया। वह इतने लोगों की नाराजगी सहन नहीं कर सकता था। इसलिए उसने ईसामसीह को क्रॉस पर चढ़ाने का आदेश दे दिया। इसके साथ ही अन्य दो कैदियों को, जिन पर डकैती के कड़े इलजाम थे, को भी क्रॉस पर लटकाने का आदेश दे दिया गया।

ईसामसीह के सिर पर काँटों का एक ताज सा पहना दिया गया।

उनके एक हाथ में लकड़ी, कंधों पर एक लाल रंग का कपड़ा तथा एक भारी क्रॉस रख दिया गया। सैनिक ईसा को पीटते हुए उस दिशा की ओर ले गए, जहाँ 'गोलगोका' नामक स्थान पर उन्हें क्रॉस पर चढ़ाया जाना था।

क्रॉस का वजन ज्यादा था तथा ऊपर से सैनिकों के कोड़ों की मार से ईसा का संपूर्ण शरीर लहूलुहान हो गया। मार्ग में ईसा अनेक स्थानों पर लड़खड़ाए, गिरे-सँभले तथा कोड़ों की मार को सहन करते हुए आगे चलते रहे।

'गोलगोका' पहाड़ी, जिसे झोंपड़ियों के नाम से भी जाना जाता था, उस पहाड़ी पर पहुँचकर ईसा के सिर पर रखा ताज उतार दिया गया। लाल कपड़ा भी उनके शरीर से उतार लिया गया। सिपाहियों ने ईसामसीह को उस क्रॉस पर लिटाया और उनके हाथों तथा पैरों में नुकीली कीलें ठोक दीं। यही सबकुछ उन दोनों डाकुओं के साथ भी किया गया।

जिस समय यह अत्याचार उन पर किया जा रहा था, उस समय ईसामसीह प्रभु से यही विनती कर रहे थे कि हे प्रभु! उनके दुश्मनों को माफ कर दे, क्योंकि उन्हें अपने द्वारा किए जा रहे अत्याचार व गुनाहों का ज्ञान नहीं है।

ईसामसीह के पास ही दोनों डाकू भी क्रॉस पर लटकाए गए थे, जिन्हें मौत की सजा मिली थी। उनमें से एक डाकू ईसा से बोला, "हे ईश्वर के बेटे! हमें यह तो पता है कि हमने जो गुनाह किया है, उसकी हमें यह सजा भोगनी पड़ रही है, परंतु आपने तो कोई गुनाह नहीं किया

था, फिर आपको ऐसी सजा क्यों दी गई? यह हमारी समझ से बाहर है।"

दूसरा डाकू बोला, "हे यहूदियों के सच्चे सम्राट्! अपने राज्य में मेरे लिए स्थान जरूर रखना।"

अत्यधिक पीड़ा होने के बावजूद ईसा बोले, "हाँ! तुम लोगों को मेरे राज्य में जगह जरूर उपलब्ध होगी। आज तुम दोनों भी मेरे साथ ही स्वर्ग में पहुँचोगे।"

जिस समय परमेश्वर के बेटे ईसामसीह के शरीर में कीलें ठोकी जा रही थीं, उस समय सुबह के नौ बजे थे। दोपहर में बादल छाए हुए दिखाई देने लगे। ईसामसीह के शरीर से बहुत सारा खून बह चुका था। उनके शरीर में इतनी कमजोरी आ गई थी कि उनकी आवाज भी नहीं निकल पा रही थी। फिर भी उन्होंने चिल्लाकर पीने के लिए पानी माँगा, परंतु निर्दयी रोमन सिपाहियों ने पानी देने के स्थान पर उनके होंठों पर सिरके में भिगोकर एक स्पंज का टुकड़ा लगा दिया। इसके बाद ईसामसीह ने ईश्वर से आखिरी विनती करते हुए कहा, "हे ईश्वर! मेरा काम समाप्त हुआ। अब मैं अपनी आत्मा को तुम्हारे हाथों में अर्पित करता हूँ।"

यह कहने के तत्काल बाद ही ईसामसीह का सिर लुढ़क गया और वे हमेशा के लिए ईश्वर की गोद में चले गए।

बाइबिल के आधार पर कहा गया है कि ईसामसीह पुनः जीवित हो गए थे और उन्होंने अपने प्रिय शिष्य साइमन को अंतिम उपदेश दिया, जिसमें उन्होंने साइमन को अपने अनुयायियों की देखभाल करने तथा सदाचार, सच्चाई, भाईचारे और प्रेम का प्रचार-प्रसार करने को कहा था। इन उपदेशों के पश्चात् प्रभु ईसामसीह हमेशा के लिए अदृश्य हो गए।

ईसामसीह पुनः जीवित हो उठे

जब ईसामसीह की मृत्यु का संदेश जनता के बीच में फैला तो वहाँ लोगों की भीड़ एकत्र होने लगी तथा संध्या होने तक ईसामसीह के मृत शरीर को देखने के लिए लोगों का ताँता लग गया। इसके बाद उनके शव को क्रॉस से नीचे उतारा गया तथा उन्हें दफनाने की तैयारियाँ होने लगीं।

इसी बीच कुछ ऐसे लोग गवर्नर पोंटियस पायलट के पास गए, जिनका गवर्नर से अच्छा संपर्क था। उन्हीं लोगों में से एक उच्चाधिकारी था, जिसका नाम जोजफ था। वह ईसामसीह में पूर्ण विश्वास एवं उनसे प्रेम रखता था। वह उन्हें निर्दोष भी मानता था। जोजफ यहूदियों के नगर अरिमतीया का रहनेवाला था। अन्य यहूदियों की भाँति उसे भी इस बात का अटल विश्वास था कि एक दिन प्रभु का राज्य जरूर आएगा।

जोजफ ने गवर्नर पोंटियस से निवेदन किया, "हुजूर! हम लोग आपकी अनुमति से ईसामसीह के पार्थिव शरीर को यहूदी रीति-रिवाज के अनुसार कब्र में दफन करना चाहते हैं। उम्मीद है, हमारी प्रार्थना अवश्य सुनेंगे।"

गवर्नर पोंटियस पायलट ने उन्हें ऐसा करने की अनुमति दे दी। तब वे लोग परमेश्वर के बेटे ईसामसीह को एक सफेद कपड़े में लपेटकर एक बाग में ले गए, जहाँ एक गुफा में चट्टान को काटकर एक नई कब्र

बनाई गई थी। उन्होंने ईसा का पार्थिव शरीर उस कब्र में रख दिया और गुफा के द्वार को एक विशाल पत्थर से बंद कर दिया।

यह देखकर ईसामसीह के आखिरी दर्शन हेतु भारी संख्या में स्त्री-पुरुष, जिनकी समय-समय पर ईसामसीह ने मदद की थी, बड़े दु:खी होकर रोने लगे। उनके रोने से उस स्थान का वातावरण अति गमगीन हो उठा। हजारों की संख्या में लोग दु:ख प्रकट कर रहे थे।

उधर प्रमुख धर्मगुरु एवं उनके अनुयायियों को ईसा को क्रॉस पर लटकाने तथा उनकी मौत हो जाने पर भी संतोष नहीं था। अत: वे लोग फिर से गवर्नर पोंटियस पायलट के पास जा पहुँचे और बोले, "श्रीमान्! हम चाहते हैं कि ईसा की कब्र के आस-पास कुछ सुरक्षा प्रहरी नियुक्त कर दिए जाएँ।"

गवर्नर ने पूछा, "वह किसलिए, ईसा तो अब मृत्यु को प्राप्त हो गया है, आप लोग उससे क्यों भयभीत हो रहे हैं?"

प्रमुख धर्मगुरु ने कहा, "श्रीमान्! हम तो सिर्फ सुरक्षा की दृष्टि से ही ऐसा कह रहे हैं।"

धर्मगुरु की बात सुनकर गवर्नर हँस पड़ा और बोला, "एक मुरदे की सुरक्षा? भई वाह, यह भी खूब रही।"

गवर्नर की बात में व्यंग्यात्मक स्वर था। जिसे सुनकर धर्मगुरु प्रमुख खून का घूँट पीकर रह गया।

धर्मगुरु ने फिर कहा, "श्रीमान्! हमारी बात को समझने का प्रयत्न

करें। हमें यह भय है कि कहीं ईसा के अनुयायी कब्र से उसकी लाश को न निकाल ले जाएँ तथा यह न प्रचारित कर दें कि ईसा फिर से जिंदा हो गया है। श्रीमान्! आप मेरी बातों पर ध्यान दीजिए। ईसा ने स्वयं ही कहा था कि वह मृत्यु के तीस दिन पश्चात् पुनः जीवित होकर दिखा देगा।"

"परंतु यह बात तो ईसा ने मंदिर के विषय में कही थी।"

धर्मगुरु प्रमुख बोला, "मंदिर की ओर तो उसका संकेत मात्र था। मैं जानता हूँ, वास्तव में वह यही बात कहना चाहता था।"

गवर्नर ने कहा, "यद्यपि मुझे इन बातों पर कतई विश्वास नहीं है। फिर भी यदि आप लोग चाहते हैं तो मैं ईसा की कब्र की देख-रेख के लिए कुछ सैनिक नियुक्त करवा देता हूँ।"

ऐसा कहकर गवर्नर ने ईसामसीह की कब्र की देख-रेख हेतु अपने कुछ सैनिक भेज दिए। अब सैनिक ईसा की कब्र की देख-रेख करने लगे।

अगला दिन शनिवार था- साबाथ का दिन। शनिवार का दिन शांतिपूर्वक बीता, परंतु रविवार को ईसा की कब्र के पास एक चमत्कार दिखाई दिया। अचानक वहाँ पर जोरदार भूचाल आ गया। धरातल में जोर की गड़गड़ाहट हुई, जिसे सुनकर वहाँ उपस्थित समस्त सैनिकों के हृदय काँप गए, "ओ जुपीटर! यह कैसी अनहोनी होने जा रही है?" किसी सैनिक ने चिल्लाकर कहा।

दूसरा सैनिक डरी हुई आवाज में बोला, "पृथ्वी काँप रही है।

चट्टानें टूट रही हैं, प्राण की रक्षा करनी है तो यहाँ से भाग चलो।"

पहरे पर नियुक्त सैनिक प्राण बचाने के लिए वहाँ से भाग गए।

व्याकुल और घबराए हुए प्रहरी पुलिस चीफ के पास गए तथा पुलिस चीफ को विस्तार से सारी बात बताई गई।

सारी बात सुनकर पुलिस चीफ बोला, "सुनो, तुम लोग इस घटना को किसी को बताओगे नहीं। बिलकुल चुप रहना। यदि ऐसा करोगे तो बदले में प्रत्येक को चाँदी के पाँच सौ सिक्के दिए जाएँगे और यदि तुममें से किसी ने भी अपना मुँह खोला, तो उसे कैदखाने में डाल दिया जाएगा।"

यह सुनकर समस्त प्रहरियों ने अपनी जुबान बंद कर ली।

रविवार के दिन भोर होने से पूर्व ही ईसामसीह की एक प्रिय शिष्या मरियम मादजेना ईसा की कब्र पर फूल एवं सुगंधित लेप लेकर पहुँची। उसने जैसे ही गुफा की ओर देखा, वह आश्चर्य से देखने लगी। गुफा के मुँह पर लगा हुआ विशाल व भारी पत्थर एक ओर खिसका हुआ था। झिझकते हुए वह कब्र की ओर बढ़ी तो उसे एक और आश्चर्य दिखाई दिया। ईसा की कब्र खुदी हुई थी। कब्र के भीतर केवल कपड़ा था, जिसमें ईसा को लपेटकर दफनाया गया था। इस दृश्य को देखकर मरियम अत्यंत अचंभित हुई और उसके मुँह से चीख निकल गई। घबराकर वह वापस भागने लगी। तत्पश्चात् एक और चमत्कार दिखाई दिया। पारदर्शी आवरण में लिपटे दो देवदूत वहाँ उपस्थित हुए। वे मरियम से बोले,

"मरियम! किसकी कब्र पर फूल चढ़ाने आई हो? जीवित मनुष्य की कब्र पर फूल नहीं चढ़ाए जाते।" यह कहकर दोनों देवदूत उसकी आँखों से ओझल हो गए। मरियम कुछ समय तक ठगी सी वहीं बैठी रही, फिर जैसे ही उसे होश आया, वह अपने गाँव की ओर दौड़ी। वहाँ पहुँचकर उसने इस घटना की जानकारी गाँव वालों को दी, परंतु किसी भी व्यक्ति को मरियम की बात पर विश्वास नहीं हुआ। गाँववाले सोचने लगे कि मरियम चूँकि ईसामसीह से अधिक प्रेम करती थी, इस कारण वह ईसा की मौत से विक्षिप्त हो गई है और इस प्रकार की बहकी-बहकी बातें कर रही है, परंतु दो आदमी वहाँ पर ऐसे भी थे, जिन्हें मरियम की बात पर विश्वास था। वे थे जॉन और साइमन पीटर। मरियम की बात सुनकर वे शीघ्रता से कब्र की ओर भागे। वहाँ पहुँचकर उन्होंने ईसा की खाली कब्र देखी तो उन्हें विश्वास हो गया कि सचमुच ईसा ने जैसा कहा था, उसके अनुसार वे अपना दूसरा जन्म ले चुके हैं और फिर वे दोनों ईसा की तलाश में निकल पड़े।

जॉन और साइमन पीटर जब ईसा की खोज करते हुए इमेयस नामक गाँव की ओर गए तो मार्ग में उन्हें एक अजनबी मिला। दोनों को ईसामसीह के विषय में बात करते देख उस अजनबी ने पूछा, "मित्र! आप लोग किस ईसामसीह की बात कर रहे हैं? क्या उसी ईसामसीह की, जिसे रोमन गवर्नर के आदेश से क्रॉस पर लटका दिया गया था और अनेक यातनाएँ देने के पश्चात् उनकी मृत्यु हो गई थी।"

साइमन बोला, "हाँ, परंतु अब उनकी लाश कब्र से गायब हो चुकी है, इसका तो एक ही तात्पर्य है कि हमारे परमेश्वर पुनः जन्म ले चुके हैं।"

यह बात सुनकर अजनबी मनुष्य ने बताया, "ईसा की लाश गायब होने में कोई आश्चर्य की बात नहीं है। हमारे धार्मिक ग्रंथों में भी तो प्रभु के बेटे का पुनः जीवित होने के विषय में बहुत कुछ लिखा हुआ मिलता है।"

उस अजनबी मनुष्य ने उन दोनों को ईश्वर के विषय में और भी बातें बताईं, जिन्हें सुनकर वे दोनों उस अजनबी व्यक्ति से काफी प्रभावित हुए। तब साइमन ने उस अजनबी मनुष्य से कहा, "आप तो कोई विद्वान् मालूम होते हैं। हे दोस्त! यदि आपको किसी प्रकार का एतराज न हो तो आज रात्रि में आप हमारे घर पर ही रुकें तथा हम लोगों के साथ ही रात्रि का भोज ग्रहण करें।"

उस अजनबी ने दोनों की बात मान ली और वे साइमन पीटर तथा जॉन के साथ उनके घर आ गए। रात्रि के समय जब वे तीनों एक साथ भोजन ग्रहण करने के लिए बैठे तो भोजन के समय जब उन्होंने परमेश्वर को धन्यवाद देने हेतु रोटी तोड़ी तो एकाएक अजनबी के रूप में उन्हें ईसामसीह दिखाई दिए। साइमन पीटर व जॉन ने ईसामसीह को तत्काल पहचान लिया। जैसे ही दोनों व्यक्ति पैर छूने गए, उससे पहले ही ईसा अदृश्य हो गए।

तब इस सूचना को सभी लोगों के पास तक पहुँचाने के लिए दोनों

शीघ्रता से यरूशलम की ओर चल पड़े। परंतु वहाँ उनके साथी खुद ही अपनी कहानियाँ बताने के लिए उत्सुक हो रहे थे, क्योंकि उन्होंने स्वयं ईसा को देखा था। साइमन से इस खबर की पुष्टि होते ही सब प्रसन्नता से झूम उठे और चिल्लाने लगे, "ईसा जिंदा है। हमारा परित्राता पुनः जीवित हो गया है। अब वह धरती पर ईश्वर का राज्य निश्चित रूप से स्थापित करेगा।" आदि-आदि।

ठीक उसी समय जब वे लोग ईसामसीह के पुनः जन्म को लेकर अपनी चिंताओं और दुःखों का परित्याग कर खुशियों का जश्न मना रहे थे, एकाएक ईसामसीह ने उन लोगों के मध्य दर्शन दिए। इस दृश्य को देखकर कुछ लोगों की खुशी का ठिकाना नहीं रहा, परंतु कुछ लोग उन्हें देखकर डर गए। तब ईसा ने उन्हें विश्वास दिलाते हुए कहा, "साथियो! मुझे देखकर घबराने की आवश्यकता नहीं है। मैं कोई भूत अथवा प्रेत नहीं हूँ, अपितु तुम्हारा वही प्रिय ईसामसीह हूँ, जिसे तुम लोग अत्यधिक स्नेह करते हो। जिसे विश्वास न हो वह मेरा शरीर स्पर्श करके देख ले। मैं सशरीर आप लोगों के सामने खड़ा हूँ।"

ईसामसीह ने तब उन लोगों को अपने हाथों और पाँवों में कीलों के वे निशान भी दिखाए, जो क्रॉस पर लटकाते समय उनके शरीर पर बने थे। इतना ही नहीं, उन्होंने उन लोगों के साथ भोजन भी किया और बोले, "तुम्हें इस संदेश का पूरे जगत में प्रचार करना है कि मरने के पश्चात् मैंने दोबारा जन्म ले लिया है, ताकि लोगों को, उनके अपराधों को माफ कर

सकूँ, परंतु तुम्हें परमेश्वर द्वारा भेजी हुई उस पवित्र आत्मा की प्रतीक्षा करनी होगी, जो जल्द ही तुम्हारे साथ होगी तथा जो इस काम में तुम्हारी मदद करेगी।"

इतनी बात बताकर ईसामसीह पुनः अदृश्य हो गए।

साइमन पीटर ने जब ईसा के जीवित होने की बात अपने साथी टॉमस से कही तो उसे विश्वास नहीं हुआ कि ईसा मरकर दोबारा जीवित हो गया है। उसने कहा, "साइमन! मैं तुम्हारी बात पर तब तक विश्वास नहीं कर सकता जब तक अपने हाथों से ईसा को छूकर न देख लूँ।"

आठ दिन के बाद ईसा ने टॉमस के सामने आकर दर्शन दिए। वे टॉमस से बोले, "देखो टॉमस! ये रहे मेरे हाथ व पैरों में कीलों के घाव। आओ, मेरे घावों को स्पर्श करके देखो, ताकि तुम्हें यकीन हो जाए कि मैं जिंदा हो गया हूँ।"

यह बात सुनकर टॉमस पश्चात्ताप करने लगा और ईसामसीह के चरणों पर गिरकर क्षमा-याचना करने लगा।

उसे यह विश्वास हो गया था कि ईसामसीह ही उसके प्रभु और स्वामी हैं।

ईसामसीह फिर बोले, "टॉमस! मुझमें तुम्हारा पक्का यकीन है, क्योंकि तुम्हें मुझको देखने का शुभ अवसर प्राप्त हुआ है, परंतु धन्य हैं वे लोग, जो मुझे बिना देखे ही मुझ पर यकीन करते हैं।" यह कहकर ईसा अदृश्य हो गए।

धीरे-धीरे ईसा के दोबारा जीवित होने की कहानियाँ पूरे इजराइल में सूर्य की रोशनी की तरह फैल गई। उन लोगों को जिन्होंने भावावेश में आकर ईसामसीह को गिरफ्तार करवाने में प्रमुख भूमिका निभाई थी और वे लोग जो ईसा की मौत पर खुशी का इजहार कर रहे थे, उन्हें यह भी आभास होने लगा था कि उन्होंने ईसा के विपरीत ही नहीं, प्रभु के विरुद्ध कार्य किया है। इस प्रकार उन सभी को अपने किए हुए कार्यों पर पश्चात्ताप होने लगा। उन लोगों में ईसा का वह शिष्य भी था, जिसने ईसा को पकड़वाने में रोमन सैनिकों की सहायता की थी। उसका नाम था–जुडास। जुडास की आत्मा को इतनी ग्लानि हुई कि पश्चात्ताप की अग्नि-ज्वाला में जलते हुए उसने एक पेड़ की शाखा से लटककर अपने प्राण की आहुति दे दी।

ईसामसीह दोबारा जीवित होकर समय-समय पर अपने अनुयायियों के समक्ष प्रकट हुए थे। एक दिन जॉन और साइमन पीटर अपने कुछ साथियों के साथ मछलियाँ पकड़ने समुद्र के किनारे पहुँचे।

उन्होंने कई बार समुद्र में जाल फेंका, पर एक भी मछली उनकी पकड़ में नहीं आई। अब वे निराश होकर समुद्र से घर की ओर आ रहे थे। तभी उन्हें तट से एक आवाज आई, “मछलियाँ इस प्रकार तुम्हारे जाल में नहीं आएँगी मित्र! अपने जाल को दाईं ओर फेंको। फिर देखो, बहुत सारी मछलियाँ तुम्हारे जाल में फँस जाएँगी।”

साइमन और उसके साथियों ने आश्चर्यचकित होकर आवाज की

दिशा में देखा तो समुद्र के किनारे दूर खड़ा एक अजनबी आदमी दिखाई दिया।

आवाज के अनुसार साइमन ने इस बार अपने जाल को दाईं ओर फेंका तो आश्चर्य की बात यह रही कि प्रथम बार में ही बहुत सारी मछलियाँ जाल में फँस गईं। मछलियों को लेकर साइमन एवं उनके साथी तट पर पहुँचे तो उन्होंने साक्षात् ईसा के दर्शन किए। उस रात ईसा ने समुद्र के तट पर अपने हाथ से मछलियाँ भूनीं तथा बड़े प्रेम से अपने हाथों से अपने शिष्यों को मछलियाँ खिलाईं।

विदा होते समय ईसा ने साइमन से कहा, "साइमन! तुम मुझसे बेहद प्यार करते हो न?"

"हाँ परमेश्वर! अपनी जान से भी अधिक।" साइमन ने भावुकता के स्वर में कहा।

"तो ठीक उसी प्रकार से मेरे अनुयायियों की भी देखभाल करना, जैसे भेड़ों की देखभाल एक गड़रिया करता है।"

साइमन ईसामसीह की वाणी सुनकर काफी भाव-विह्वल हो उठा था। उसने कहा, "मैं आपकी आज्ञा का पालन करूँगा, परमेश्वर! मैं ठीक वैसा ही करूँगा जैसा आपने कहा है।"

इसके बाद ईसामसीह ने साइमन और उसके मित्रों से विदा ली और अदृश्य हो गए।

धीरे-धीरे ईसा की कहानियाँ संपूर्ण इजराइल में प्रचलित हो गईं।

उनके विरोधी भी ईसा के अनुयायी बनने लगे और यह मानने लगे कि सचमुच में ईसा ईश्वर के बेटे थे तथा धरती पर ईश्वर का राज्य स्थापित करने के लिए अवतरित हुए हैं। ईसामसीह की कीर्ति इजराइल से दूर रोम तक पहुँच गई। रोम के लोग भी अपनी पुरानी पूजा पद्धति को त्यागकर ईसामसीह के बताए हुए रास्ते पर चलने लगे।

इस प्रकार ईसामसीह के अनुयायियों की संख्या में निरंतर वृद्धि होती गई तथा लोगों में अटूट विश्वास पैदा होने लगा कि आनेवाले भविष्य में प्रभु का राज्य स्थापित होनेवाला है। अब संपूर्ण जगत् में न कोई असहाय, न निर्धन, न कहीं भुखमरी रहेगी। प्रत्येक प्राणी एवं सभी मनुष्यों को राज्य में हर्ष और उल्लास के साथ भोजन तथा जीवनयापन हेतु आवश्यक वस्तुएँ आसानी से प्राप्त हो जाएँगी। इस प्रकार ईश्वर के प्रति उनकी आस्था दृढ़ होने लगी।

□□